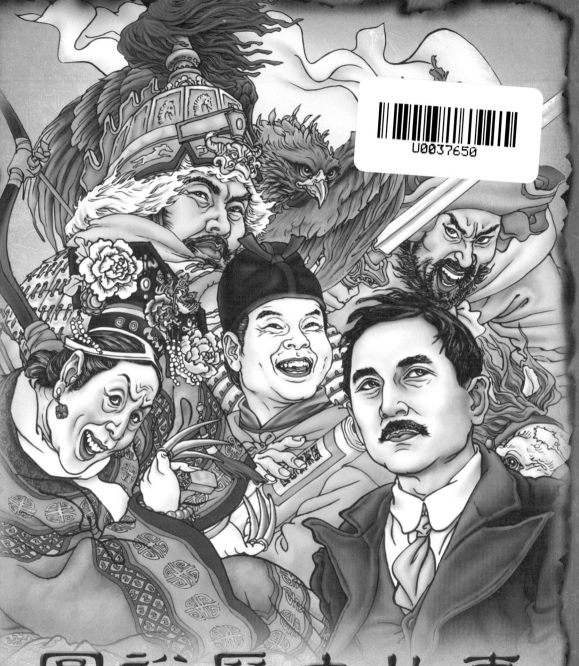

圖說歷史故事

元明清

前言

　　親愛的讀者，你們一定都很喜歡聽故事。實際上，所有的故事都可以歸為兩大類。一類是實實在在發生過的，一類是人們想像出來的。人們想像出來的故事，我們叫它童話故事、寓言故事、神話故事、傳說故事。當然，你也可以叫它上天入地故事、妖怪打架故事、蜜蜂蝴蝶故事等等，隨你樂意。然而實實在在發生過的故事，我們只能叫它「歷史故事」。

　　中華民族擁有五千年的歷史。五千年間發生過多少驚人、感人、迷人、駭人的故事！石破天驚的巨變，腥風血雨的災難，臥薪嘗膽的修練，嘔心瀝血的追求，山高水長的情誼，出泥不染的潔淨……它們個個可歌可泣，令人永生難忘，而從這些故事中，又走出多少活生生的歷史人物。充滿智慧的姜子牙，叱吒風雲的楚霸王，氣節如虹的蘇武，料事如神的諸葛亮，精忠報國的岳飛，大義凜然的文天祥，勇抗倭寇的戚繼光，遠渡重洋的鄭和……他們個個可敬可愛，令人蕩氣迴腸。所有這些故事和人物，對一代又一代的子子孫孫產生了巨大影響。它們所呈現的內在精神，已經溶化在我們的血液中，成為中華民族文化傳統的一部分。

　　有趣的歷史故事就像一粒粒珍珠，散落在廣闊的時間長河中。這套《圖說歷史故事》，則揀取了歷史長河中最大、最亮、最惹人喜愛的80顆珍珠，編綴成4條閃光的項鏈，獻給所有熱愛歷史與文化的讀者，特別是喜歡聽故事、讀故事的孩子們。它的語言簡練流暢，故事情節曲折有趣，對眾多歷史人物有生動的刻畫，對歷史的發展脈絡也有清楚的交代。

　　特別值得一提的是本書的插圖。它以傳統繪畫技法為主，畫面大，色彩豐富，構圖變化多端。在描繪不同朝代的建築、器物和服飾時，繪者查閱了大量資料，以求具有歷史根據。其人物造型，則注重表現個性，動作活靈活現。可以說，本書243幅精美的插圖，不僅為不同故事營造了不同的歷史環境氛圍，它們本身也是值得欣賞的藝術品。

　　聽想像故事，能讓人感受快樂，享受美好童年；讀歷史故事，會使人變得智慧、勇敢，進而培養永不言敗的堅強人格。看到這本文圖雙工的《圖說歷史故事》，你一定會愛不釋手！

目 錄

西元12世紀，蒙古大草原上生活著許多游牧部落。蒙古人善於騎射，性格剽悍，「搶親」、打鬥和殘殺是家常便飯，為此部落之間結下了很深的仇怨。

這一天，篾（音ㄇㄧㄝˋ）兒乞惕部落酋長的弟弟赤列都送未婚妻訶額侖回家，正好路過乞顏部落的駐地。乞顏部落的首領也速該很年輕，他見訶額侖長得漂亮，就叫兩個兄弟飛馬去搶奪。赤列都嚇得丟下未婚妻一個人跑了。也速該得勝而歸，把訶額侖搶到手，讓她做了自己的妻子。

幾年後，訶額侖給也速該生了個兒子。孩子出生時，正巧也速該凱旋歸來，為了紀念出征的成功，他給這第一個兒子命名叫「鐵木真」，蒙語的意思是「精鋼」。

鐵木真長得聰明伶俐，體格健壯。到了9歲該訂親時，也速該選了個好日子，帶著他到訶額侖的娘家部族去求婚。半路上，父子倆遇到了弘吉剌部落的德薛禪。德薛禪見鐵木真五官端正，舉止不凡，心裡十分喜歡，就對也速該說：「請到我家去吧!我有一個小女兒，你看看怎麼樣。」也速該來到德薛禪家，見他的女兒孛（音ㄅㄛˊ）兒帖雖然只有10歲，卻身材窈窕，眉清目秀，跟鐵木真站在一起，真是天造地設的一對！

婚事談成了，按照當地的規矩，鐵木真要留下住幾天，也速該一個人走上了回家的路。經過塔塔兒部落時，那裡正在舉行一個宴會。也速該口乾舌燥，實在難耐，便下馬坐在了桌旁。不料塔塔兒人認出了他們的仇人，悄悄在也速該的飯菜裡下了毒藥。

回家後，也速該毒發身亡。乞顏部落失去了首領，很快就離散了。可是周圍敵對的部落並不放心，他們擔心鐵木真長大後要為父親報仇，千方百計想把他除去。

為了躲避迫害，訶額侖帶著鐵木真和他年
幼的弟妹們連夜逃到極為偏遠、荒涼的地方，
靠挖野菜、釣魚、捉土撥鼠來充饑，過著十分艱
難的日子。

鐵木真漸漸長大了。20歲的時候，
他決心重整旗鼓，復興祖業。

鐵木真先迎娶了孛兒
帖。婚後不久，他就帶著妻
子陪嫁的一件黑貂皮襖，去見
克烈部落的首領王罕，

請求幫助。

接著，鐵木真又一個個召集起父親的舊部屬，積聚起自己的力量。

鐵木真英勇善戰，才能卓越。漸漸地，他成了蒙古人心中理想的領袖。另一個強盛部落的酋長札木合對此感到十分不安。這時恰巧他的弟弟去搶奪鐵木真部下的馬群，被殺死了，札木合便聯合塔塔兒、泰亦赤烏等13個部落的人馬，打算一舉消滅鐵木真。

聽到消息，鐵木真急忙把部眾也分為13翼，分頭迎敵。可是他的人馬少，又倉促應戰，很快就被札木合打得慘敗。札木合是個非常殘忍的傢伙，他令部下將鐵木真部落的俘虜統統扔進70口盛滿水的大鍋，然後在鍋底架起旺火。可憐幾百男女老幼就這樣被活活煮死了！

這椿野蠻、駭人的屠殺激起民眾的憤慨。札木合雖然打了勝仗，卻不得人心。結果，許多人紛紛投奔鐵木真。打了敗仗的鐵木真的隊伍反而更加壯大了。

此後，鐵木真抓住戰機，與克烈部王罕配合，先後打敗了乃蠻人、乞剌人和以札木合為首的11個部落的聯合進攻，統一了蒙古的東部。

就在鐵木真與泰亦赤烏部落的激戰剛剛結束時，一個青年人突然走到鐵木真的面前，真誠地對他說：「我曾和札木合在一起，射中了您的馬。現在，您要讓我死，只會弄髒手掌大的一塊地方；如果讓我活，我會為您截斷深水，擊碎頑石！」鐵木真說：「人們做了害人的事，都會隱瞞起來，你卻如實告訴我，就憑這一點，你真的可以做我的部下了！」

鐵木真的胸懷令青年十分感動，他後來成了鐵木真手下所向無敵的常勝將軍——哲別。

當年，在鐵木真走投無路的時候，王罕曾幫助他重整旗鼓。但是鐵木真強大起來後，王罕怕他威脅到自己，便想先下手為強，將他除掉。王罕是當時金朝皇帝冊封的「王」，他的牧地富饒，部眾強盛，地位在所有部落酋長之上。鐵木真為了維繫兩個部落的關係，特地為兒子向王罕的孫女求婚，卻遭到拒絕，相當氣惱。可過了幾天，王罕又派來特使，說他同意雙方結親，並立刻宴請鐵木真。鐵木真非常高興，帶了十幾個隨從前去赴宴。半路上他去看望一個老家臣，這才得知，前面等待他的

哪裡是什麼宴會，而是要加害於他的陷阱！鐵木真趕緊掉轉馬頭，奔回自己的部落。

王罕原準備在宴會上擒殺鐵木真，沒想到走漏消息，讓他逃脫了，心裡很慌張，害怕鐵木真前來報復。他的兒子桑昆說：「乾脆，一不做二不休，趁鐵木真還來不及準備，明天突襲他的營帳！」

第二天拂曉，王罕領精兵數萬，直殺向鐵木真大營！倉促中，鐵木真只帶著十幾個人逃走。後來，鐵木真又退到貝加爾湖（今俄羅斯境內）以東，一面召集潰軍，準備再戰，一面四處活動，爭取援助。

就在這時候，王罕的部落發生了分裂。被王罕收留的札木合野心勃勃，打算殺掉王罕，取而代之。不想在與王罕交戰中失敗，鐵木真只好去投奔乃蠻部落的太陽罕。

王罕平定了
內亂，非常高興，
立刻大擺宴席。酒宴正
酣時，鐵木真突然如神兵天
降，包圍了王罕的駐地。毫無
戒備的王罕被打得屁滾尿流，率領
殘兵逃往乃蠻部落地界，最後被乃蠻的守將殺死了。

消滅勢力強大的克烈部落是鐵木真統一蒙古過程中取得的最大勝利。不久，他又消
滅了最後的勁敵乃蠻部落的太陽罕，終於將蒙古大草原上的各個部落統一在一起！

西元1206年，44歲的鐵木真做了全蒙古的「大汗」，稱號為「成吉思汗」，同時建
立「大蒙古國」。在蒙古語中，「成吉思」是「強大」的意思。從此，蒙古族的歷史翻
開了新的一頁。

一隻眼的石頭人

成吉思汗和他的子孫率領蒙古鐵騎四處征討，屢屢獲勝，很快就建立起一個橫跨歐亞大陸的龐大帝國。西元1271年，成吉思汗的孫子忽必烈遷都燕京（後稱「大都」，今北京），立國號為「元」，從此不再稱「汗」，而自稱「皇帝」。不久，他又滅掉南宋，統一了中國。

可是，在這以後僅僅過了幾十年，強大的元帝國就走到了末日。這是為什麼呢？因為元朝把人分成三六九等，其中蒙古人的地位最高，他們盡情享樂，腐敗透頂。漢人人數最多，社會地位卻最低，連起碼的生命安全都沒有保障。殘酷的種族壓迫終於引發了規模空前的農民大起義。

西元1344年，黃河決口，洪水淹沒了河南、山東一帶的大片良田，把官府開設的鹽場也沖毀了。大洪水退後，大旱又降臨人間。蝗蟲鋪天蓋地而來，瘟疫也開始流行，遍地是饑民。可是朝廷根本不關心老百姓的死活，只愁搜刮的錢財越來越少。為了修復兩個賺錢的鹽場，元順帝於1349年下令治理黃河。元朝政府調集了15萬名勞工，日夜修築黃河河床和大堤。監工和官吏們根本不把勞工當人看，他們隨意鞭打、凌辱勞工，還扣大家的口糧。勞工們非常氣憤！

正在這時，河北有個叫韓山童的農民，在暗地裡組織起一個稱為「白蓮教」的秘密宗教。他把受苦的農民聚集起來，燒香拜佛，並到處宣揚說：「天下大亂，佛祖很快要派彌勒佛來拯救世人了！」老百姓們都快活不下去了，沒有一個不巴望

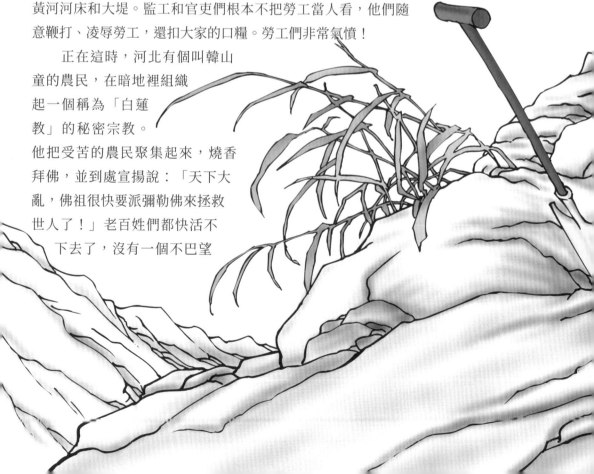

著彌勒佛早一天下凡。加入「白蓮教」的人越來越多。韓山童見時機已到，便派人到修河工地上傳播一首民謠：「石人一隻眼，挑動黃河天下反！」

不久，勞工開河挖到黃陵岡時，忽然從黃泥深處挖出一個石頭人來。嘿！這怪模怪樣的石頭人果真只有一隻眼！它的後背上還刻著一行字：「莫道石人一隻眼，此物一出天下反！」人們又驚又喜，奔相走告。

其實，這個石頭人是韓山童派人事先埋好的。

韓山童有個親信叫劉福通，他看

到人們情緒激昂，便建議說：「老百姓受苦太深，都在懷念宋朝。如果我們能打出『大宋』的旗號，一定能吸引更多的人。」韓山童於是宣佈自己是宋徽宗的第八代孫子，宋朝滅亡後逃到海外，如今從日本借來精兵，要恢復大宋的天下！這一招果然靈驗，他們很快就召集起了3000多人。在潁（音 ㄧㄥˇ）上縣的白鹿莊，大家殺了黑牛白馬，祭告天地，宣誓起義。韓山童被推為首領，號稱「明王」。起義軍約定以「紅巾裹頭」作為標誌。

但是，起義軍還未開始行動，就走漏了風聲。官府派重兵鎮壓，韓山童不幸被捕犧牲。

劉福通衝出重圍，回到自己的家鄉潁州，很快又重新聚集了一大

批白蓮教徒，再次起兵。起義軍旗開得勝，一舉攻下了潁州城。開河勞工們得到消息，紛紛殺死治河官吏，趕來加入反元大軍。

　　消息傳來，元順帝連忙派赫斯、禿赤率領6000善於騎射的蒙古軍，會同各路漢軍前來鎮壓農民起義，又令河南省徐丞相協助作戰。不幸的是，這3個武將文官都是酒鬼，喝酒很擅長，打仗卻不是行家。兩軍交鋒，看見紅巾軍聲勢浩大，赫斯只會揚鞭高喊：「阿蔔（快跑）！阿蔔！」一溜煙逃走了。劉福通乘勝佔領了亳州、項城等地，紅巾軍發展到十多萬人。這時，布王三、芝麻李、徐壽輝、張士誠等也先後起兵，他們的隊伍大多自願接受劉福通的指揮。

　　紅巾軍越戰越勇，元順帝再派也先帖木兒率領30萬大軍剿滅起義軍。這一次，元軍

接連攻陷了上蔡和汝寧，相當得
意。劉福通趁敵人疏忽時去偷營，殺
死元軍將領鞏卜班。混亂中的元軍嚇得扔
掉糧草輜（音ㄗ）重，沒命逃跑。紅巾軍得
到元軍丟下的全部物資，實力大壯。

　　西元1355年，劉福通迎立韓山童的兒子韓林兒在
亳州稱帝，建國號「大宋」，稱韓林兒為「小明王」。

　　西元1357年夏季，劉福通分兵三路北伐，西路軍進攻陝西，中路軍

進攻山西，東路軍直逼元大都。他自己則帶領一支軍隊，轉戰大江南北，第二年五月攻克了汴（音ㄅㄧㄢˋ）梁。劉福通決定以汴梁為大宋政權的首都，把小明王也接了過來。這時，全國各地到處都有農民起義響應大宋政權，紅巾軍遍地都是。

元順帝驚恐萬分，一面用武力鎮壓，一面用高官厚祿去收買一些起義軍的首領。很快，浙江的方國珍和江蘇的張士誠都被元朝招降了。他們投降後，便反過手來打擊起義軍。最糟糕的是，劉福通派出的三路北伐軍都犯了錯誤：他們各自為戰，戰線拉得過長，攻佔的州縣隨占隨丟。於是，各地的地主武裝趁勢起兵，又重新奪回各個州縣。

三路大軍失敗後，元朝統治者可以騰出手來專門對付劉福通了。西元1359年秋天，汴梁被元軍攻破。劉福通、韓林兒等浴血奮戰，傷亡慘重。最後，這支彈盡糧絕的隊伍被迫退到安豐，來不及撤退的幾萬士兵和家屬，全被元軍俘獲。盤踞在江蘇的張士誠見劉福通大軍北伐，後方空虛，竟趁機派大將呂珍率軍20萬前來圍攻。劉福通保護小明王殺出重圍，自己卻戰死了。

劉福通死後，另一支起義軍的首領朱元璋打敗呂珍，奪回安豐，把小明王韓林兒安置到了滁（音ㄔㄨˊ）州。

朱元璋雄心勃勃，本來不願意受小明王指揮，但他畢竟勢力孤單，極需借助韓林兒的聲威，因此也打著「大宋」的旗號。

1367年，朱元璋消滅了陳友諒、張士誠等敵對勢力，統一了南方。這時，劉伯溫等人請求朱元璋稱帝，朱元璋想到滁州還有個「大宋」皇帝小明王，而自己已無須再打「大宋」的旗號了，便派水軍大將廖永忠把小明王接到應天來。小明王的船行進到江蘇六合附近瓜步的長江中心，突然劇烈地抖動起來，緊接著，冰冷的江水從船底湧了進來。小明王大喊，卻沒有一個人來救。

不多時，這條載著「大宋」皇帝的大船就沉沒了，「紅巾軍」這支最早起兵的反元大軍隨之灰飛煙滅。然而，正是韓林兒、劉福通領導的北方紅巾軍，點燃了元末農民大起義的烈火。他們堅持戰鬥13年，大大削弱了元朝的實力，為元朝的滅亡敲響了喪鐘！

從和尚到皇帝

　　朱元璋是濠州鐘離太平鄉人，由於出生在八月初八日，小名就叫「重八」。祖上一直都是租田耕種的佃農。西元1344年春天，淮河兩岸流行瘟疫，朱重八的父母兄弟相繼去世。當時他只有17歲，一個人孤苦伶仃，衣食沒有著落，只好到皇覺寺當了和尚。

　　不久，濠州的郭子興回應劉福通起義反元，也組建了一支「紅巾軍」，自稱「元帥」。朱重八在廟裡待不住了，他脫下袈裟，投入到郭子興軍中，當了一名普通士兵。雖然是放牛小孩出身，朱重八卻機靈敏捷，有膽有識，作戰勇敢。加上在寺廟裡待了3年，識了不少字，能看懂一般文書，兩個月後他就做了郭子興的親兵。

　　郭子興有個養女，姓馬，原是他好朋友的女兒，這時已到了出嫁的年齡。郭子興夫婦見朱重八精明強幹，武藝高強，覺得他以後一定能幫助郭家成就大業，便招他做了女婿，並給他取了個大名叫「朱元璋」。成親後，郭子興立即提升朱元璋做了「帥府參謀」。不久，朱元璋因屢立戰功，又被提升為「總兵」。

　　第二年，朱元璋回家鄉招募人馬，幫助郭子興建立了一支新軍。他率領這支軍隊與元軍作戰，越戰越勇，連克滁州、和州等地。1355年郭子興病死，小明王韓林兒任命他的兒子郭天敘為都元帥，張天佑為右副元帥，朱元璋為左副元帥。但郭天敘懦弱無能，張天佑只是一個武夫，朱元璋實際上成為一軍的主帥。

　　朱元璋堅信，要想在全國的反元風雲中占得先機，就必須佔領東南重鎮集慶。第一次攻打集慶，由張天佑和元軍降將陳野先打頭陣，郭天敘率領第二路軍馬隨後趕到。誰知陳野先是假投降，他利用設宴款待的機會，將郭天敘和張天佑逮捕，押進城裡。駐守集慶的元軍將領福壽毫不猶豫地把郭、張二人殺了。

　　經過一年的準備，朱元璋再次

攻打集慶。紅巾軍將士分成幾隊，輪番向元軍設在城外的柵欄撲去。經過幾天血戰，城池終於被攻破，福壽橫劍自殺。

　　朱元璋立即將集慶改稱「應天府」，把它作為向全國發展的根據地。接著，他又禮賢下士，廣求賢才。一天，朱元璋去拜訪老儒朱升，見他正跟人下棋，就站在一旁默默觀看，不許隨從打擾。

棋局結束，朱升十分感動，提筆為朱元璋寫下「高築牆，廣積糧，緩稱王」九個字，意思是要他建立穩固的根據地，等到準備充分時再稱王稱帝。朱元璋謹守此言，直到登上帝位。除了朱升之外，朱元璋還把當地名士宋濂、劉伯溫等人收羅到帳下，這些人在他日後建立帝業的過程中都發揮了重要的作用。

當時，應天府的東、南兩邊有元軍，東邊還有建立「大周國」的張士誠，西邊有在武昌自稱「漢國皇帝」的陳友諒，他們都對朱元璋形成威脅。只有北邊的劉福通替他牽制著元軍，朱元璋決定先消滅野心最大的陳友諒。

1363年夏天，朱元璋率領20萬水軍西上，與號稱有60萬士兵的陳友諒在鄱陽湖展開決戰。交戰時朱元璋的船擱淺了，陳友諒的部將張定邊借機衝了過來。副將韓成見形勢危急，趕忙和朱元璋換了衣服，當著敵軍的面投水自盡。張定邊果然以為朱元璋自殺，攻擊緩慢下來，常遇春等將領這才救出了朱元璋。

陳軍的巨大戰船高達三層，彼此聯結在一起，十分穩固。朱元璋的船都不大，交戰中占不到便宜，士兵多臨陣退縮，朱元璋殺了十多個人，仍然制止不住。情急之下，他突然想出了一個好主意：用漁船裝上火藥、蘆柴，從上風口發起火攻。結果那些巨大的戰船解脫不開，陳軍陷於一片火海中，士兵死傷無數。

陳友諒大敗，想撤軍，又被朱元璋封鎖住港口，截斷了退路。最後，他冒死突圍，被流箭射穿眼睛而死。朱元璋乘勝占取了武昌。

西元1367年，朱元璋自稱「吳王」。但他東邊還有個張士誠，稱「東吳王」。當朱元璋大戰陳友諒時，張士誠袖手旁觀，還派人圍攻小明王，殺了劉福通。於是朱元璋消

滅了陳友諒後，立即發佈文告，歷數張士誠的罪狀，並派徐達和常遇春分路進軍，攻下張士誠的最後據點平江。張士誠被俘後上吊死了。

朱元璋肅清了長江中下游的敵對勢力，便果斷決定北伐。他派徐達為元帥，常遇春為副將，率領25萬大軍，浩浩蕩蕩北征中原。

大軍出發前，朱元璋特地申明紀律，嚴令士兵不得隨便殺人，不可搶劫財物，不能破壞民房、宰殺耕牛，更不許搶奪人家的子女。他還提出「驅逐胡虜，恢復中華，立綱陳紀，救濟斯民」的口號，即只把蒙古族統治者作為敵人，要從水深火熱中拯救廣大民眾，從而最大程度地爭取到了各方人士的支持。

北伐進展順利，不但在元朝苛政下掙扎活命的老百姓熱烈歡迎朱元璋的軍隊，就連元朝的中下級官吏也紛紛投向朱元璋一邊。一些不投降的元朝將領也成了驚弓之鳥，無心作戰，天下大局已定。朱元璋很想儘早登上皇帝的寶座。但他自己不便明說，直到百官三番五次地勸進，他才答應下來。

洪武元年（1368）正月初一，41歲的朱元璋終於在應天府登基，定國號為「明」，定應天為京都，改稱「南京」。昔日的放牛小孩、小和尚，成了萬民景仰的大明開國皇帝，君臨天下。

這時的元軍已經沒有鬥志，紛紛在陣前投降。朱元璋的北伐軍勢如破竹，捷報頻傳，很快平定了山東、河南，對元大都形成三面包圍的態勢。

元順帝憂心忡忡，坐立不安，卻想不出解圍的辦法。大都城裡守軍少得可憐，外面的將領們自顧不暇，根本無心來救駕，再守下去，只怕要當明軍的俘虜了。元順帝見大勢已去，只得嘆著氣對文武大臣們說：「時候到了。我可不能學習宋朝的徽宗和欽宗，讓人家俘虜，受盡凌辱！」

就在這天夜裡，元順帝帶著后妃、太子、太孫和一些大臣，趁著天黑打開城門，殺出一條血路向北逃去，一直奔向茫茫草原，惶急中連傳國玉璽都被拋在了桑乾河。

元朝就此滅亡。

幾天之後，明軍攻進大都，明朝正式取代了元朝。朱元璋把大都改稱北平，讓他的兒子燕王朱棣前去駐守。

明成祖之靖難

　　明太祖朱元璋曾把長子朱標立為太子，可是他卻死在了父親前頭。朱元璋只好又立朱標的兒子朱允為皇太孫。西元1398年夏天朱元璋去世，皇太孫朱允即位，史稱「建文帝」。

　　建文帝雖然當了皇帝，卻並不開心。原來，朱元璋曾封23位皇子為王，他們的權力很大，手裡都握有重兵。建文帝年僅16歲，叔叔們根本不把他放在眼裡。自古以來為爭奪皇位骨肉相殘的事屢見不鮮，他怎能不擔心！

　　建文帝把他的憂慮告訴了翰林學士黃子澄，黃子澄聯合兵部尚書齊泰，提出削奪藩王權力的建議。建文帝同意了，並首先逮捕了開封的周王。周王一案又牽連出湘王、代王等5個藩王，他們或被廢掉王位，或被終生關押，或被發配到邊關，無一倖免。接著，建文帝又派張昺（音 ㄅㄧㄥˇ）、謝貴、張信3人掌管北平（今北京）的軍政事務，開始削弱燕王的勢力。

　　燕王朱棣是明太祖的第四個兒子，他勇敢善戰，詭計多端，一直垂涎皇帝寶座。有個叫道衍的和尚早就對燕王說過：「我要送王爺一頂白帽子戴。」「王」字頭上加個「白」字，不就是個「皇」字嗎？道衍的話使朱棣當皇帝的決心更大了。他見幾個兄弟相繼被廢，便加緊在王府裡操練人馬，鑄造兵器。為了不引起別人的懷疑，他在王府四周養了成千上萬只鵝和鴨子，用它們沖天震耳的叫聲來掩蓋王府中特別的聲音。朱棣的3個兒子都在南京，他試探著上書建文帝，說自己有病，請求讓兒子們回來。建文帝不想讓燕王對削藩有所警覺，便將他的3個兒子放了回來。朱棣喜出望外，高呼：「真是天助我也！」

　　張昺等人來到北平後，燕王決定用裝瘋來迷惑他們。他揪亂頭髮，跑到街上尖聲呼叫，又闖進酒店搶人家的酒喝，累了就躺在地上昏然大睡。不到一天，整個北平城人人都知道燕王瘋了。

　　張昺和謝貴來到王府探究虛實，當時正是盛夏，卻見燕王穿著大皮襖，面前擺著火盆，還冷得瑟瑟發抖，嘴裡嘟嘟囔囔的，不知在說些什麼。二人急忙上前請安：「王爺，身體可好？」朱棣卻胡言亂語，答非所問。兩人相信他是真瘋了。後來有人向他們密報了真相，兩人才恍然大悟。正當他們想儘早採取行動時，燕王卻搶先下手了。

建文元年（1399）七月初四，燕王朱棣殺了張昺和謝貴，第二天便打出「靖難」的旗號，起兵造反，並很快控制了北平及周圍地區。「靖難」就是平定叛亂。燕王以清除「奸臣」黃子澄、齊泰為名，給自己的行動取了一個好聽的名字。

朝廷派耿炳文領兵進入河北，與燕軍對壘，可不久就被燕王擊敗。建文帝十分惱怒，又派李景隆帶領50萬大軍北上。燕王聽說後不由大笑：「李九江（李景隆小名）是

個公子哥，不懂統兵打仗，根本不足為患。倒是永平被攻得很緊，我要去解圍。」他對大兒子朱高熾說：「我走以後，你只需堅守城池，拒不出戰，等我回來就行了。」

　　李景隆聽說燕王離開了北平，馬上率軍殺到城下。經過盧溝橋時，見這裡守衛的士兵很少，李景隆高興了，說：「這樣重要的地方，朱棣竟然不派重兵把守，可見他是黔驢技窮了。」李景隆不禁有些飄飄然。可是，事情的發展卻出乎他的預料。這時正值隆冬時節，守城軍隊在道衍和尚的指揮下，夜裡不斷往城牆上潑水。水很快結成了冰，整個北平城就像披上了冰甲，朝廷的軍隊要想攻上去，簡直比登天還難。而朝廷軍隊的士兵多是南方人，他們匆忙北上，沒來得及準備冬衣，凍傷、凍病了不少。偏偏城裡又射出許多水柱，噴到士兵身上，把他們凍得瑟瑟發抖，更沒心思打仗了。

　　燕王朱棣很快解了永平之圍。之後，又去大寧（今內蒙古寧城西）靠陰謀收編了寧王朱權的軍隊，然後回師北平。於是燕軍內外夾擊，再次大敗朝廷軍隊。戰敗的李景隆趁著夜色，率先逃到山東德州。士兵們聽說主帥跑了，無心戀戰，紛紛各自逃散。

　　第二年4月，李景隆等人又領軍60萬北上，要與燕軍決一死戰。這次朝廷軍兵戰果輝煌，幾次打敗燕軍，燕王也險些被俘。就在燕王被圍、朝廷軍越戰越勇的緊要關頭，忽然起了一陣怪風，把李景隆身後的「帥」字大旗吹斷了。朝廷將士認為這是不祥之兆，都變了臉色，士氣大為減弱。燕軍卻正相反，驚喜中勇氣大增。燕王親自領一支勁旅，繞到朝廷軍背後，把他們打得潰不成軍。

　　燕軍一路掩殺，不久逼到濟南城下。濟南守將名叫鐵鉉（音ㄒㄩㄢ），是文人出身，膽魄和謀略卻勝過許多武將。他帶領軍民堅守城池，多次打敗燕軍的進攻。朱棣見硬攻不行，就派人向鐵鉉封官許願。鐵鉉卻把來人趕了出去。

　　雙方正在相持不下的時候，有一天城裡忽然出來許多人，

見了燕王後痛哭流涕，說是特意來請罪並請燕王入城的。朱棣非常高興，第二天就騎著馬，只帶了幾個親兵進城。誰想剛走近城門，一塊幾千斤重的大鐵板突然從城上壓下來，朱棣想躲已來不及，馬頭當場被砸爛！他大驚失色，急忙跳上旁邊親兵的一匹馬，掉頭就跑。

中了計的朱棣惱羞成怒，下令全部火炮對準城頭猛轟。此時城上卻樹起很多牌子，上面寫著「大明太祖高皇帝神牌」。燕王不敢炮轟父皇的神牌，只好咬著牙下令停止開炮。就這樣，雙方在濟南城內外又僵持了3個多月，燕軍不得已撤了兵。

攻佔濟南的失敗使燕王改變了進攻的策略，他開始不求攻克城池，只求打通道路。如此一來，燕軍南進的速度反而加快了許多。建文四年(1402)六月，朱棣終於指揮燕軍渡過了長江，把南京城團團圍住。

建文帝見大勢已去，只好派人去向叔叔求和，卻被燕王拒絕了。沒過幾天，守城的軍將打開城門，迎接燕軍進了城。建文帝聽說後，只覺得天旋地轉。他跌跌撞撞回到後宮，見后妃們抱在一起痛哭，更是心如刀攪，他長嘆一聲：「天亡我也！」隨即點燃了周圍的帳幔………

這場持續了4年的叔叔跟侄子爭奪皇位的戰爭，以叔叔的勝利而告終。燕王朱棣在大臣們的一片歡呼聲中登上了皇帝寶座，定年號為「永樂」，朱棣就是有名的「明成祖」。

明成祖一上台，就把反對他奪權的「奸臣」殺得一乾二淨。鐵鉉尤其遭到痛恨，朱棣把他剁成肉醬後又下油鍋烹炸，真是可悲又可嘆！

鄭和下西洋

　　明成祖朱棣的皇位是從姪子手裡奪過來的，有些名不正言不順。而且，人們一直沒有找到建文帝的屍體，這也成了朱棣的一塊心病。有人說建文帝在皇宮大火中燒死了，也有人說他化裝成和尚，乘小船跑到海外去了。為了鞏固自己的政治地位，明成祖決定派遣使臣出使鄰國，一來打聽建文帝的下落，二來可以宣揚大明王朝的國威，提高自己的聲望。

　　可誰能擔當如此重任呢？明成祖想來想去，認為只有自己的心腹宦官鄭和可以信賴。

　　鄭和原來姓「馬」，小名「三寶」，是雲南昆陽回族人。當年明太祖朱元璋的軍隊到雲南掃除元朝殘餘勢力時，年僅12歲的馬三寶被抓到軍營，後來送到燕王府中做了太監。朱棣見他聰明俊秀，便安排他和王子們一起讀書習武。馬三寶一天天長大，學識和武藝也一天天精進，他出眾的才能越來越得到朱棣的賞識。在「靖難之役」中，馬三寶一直跟隨在燕王左右，立了不少戰功。朱棣為嘉獎他，特賜他姓「鄭」。但人們都稱他「三寶太監」。

　　鄭和的父親是個虔誠的回教徒，他曾經遠渡重洋到伊斯蘭教的聖地麥加（在今天的沙烏地阿拉伯境內）朝聖。回來後，他經常向兒子講起這段飄洋過海的神奇經歷。鄭和從父親的講述中學到了很多航海知識，為他以後遠渡西洋打下了基礎。

　　永樂三年（1405年）六月十五日，蘇州城外的劉家港人山人海，熱鬧非凡。鄭和率領的龐大船隊就要出發了。船隊共有208艘船，其中大船62艘，最大的船長44丈4尺，寬18丈，有9根桅杆，12張風帆，需要由二三百人來駕駛。船隊的每艘船都有名號，如「清和」、「長寧」、「安濤」等。船上的士兵、航海技術人員、翻譯、醫生等共有27000多人。船隊起航時，船上、岸上鞭炮齊鳴，鼓樂齊奏，十分隆重。

　　鄭和率領浩浩蕩蕩的船隊從蘇州劉家港出發，駛向茫茫大海。他們先來到福建長樂，在那裡等到當年冬季，海上刮起東北風，才借著風勢揚帆遠去。

　　鄭和的船上滿載絲綢、茶葉、瓷器和金銀，它們都是值錢的寶貝，所以那些船被稱為「寶船」。寶船首先到了占城（今越南中南部），在那裡停留了10天。鄭和和占城王

會面，互贈了禮品。然後，船隊起航繼續南下。

　　一個多月後，鄭和的船隊來到舊港（今印尼蘇門答臘東南）。這裡草深林密，椰樹婆娑，一片迷人的熱帶風光。可是，有一個叫陳祖義的海盜卻盤踞在岸上，他帶領一幫惡棍，驅逐善良居民，打劫海上往來的客船，殺人越貨，無惡不作。於是鄭和

命令船隊停泊在港灣裡，他帶著禮品，上岸去見陳祖義。

陳祖義聽說明朝的官吏來見，立刻出迎。他身後跟了二十多個人，腰裡都別著彎刀，一副兇神惡煞的模樣。鄭和送上禮物，陳祖義眉開眼笑，吩咐擺酒款待。

在酒宴上，鄭和奉勸陳祖義歸順明朝，不要打劫來往的中國商船。陳祖義是個亡命徒，多年來以搶劫為生，見利忘義，哪裡肯吃這一套？他怒目圓睜，胡攪蠻纏，拒絕了鄭和的規勸。

鄭和拂袖而出，回到了船上。當晚，他派出15艘戰船和兩艘馬船，慢慢靠近陳祖義的老巢。天快亮時，放哨的海盜才發現大勢不好，趕忙吹響螺號。頓時，海盜們一窩蜂衝出來，嚎叫著殺向明軍船隻。明軍將士和他們展開了搏鬥，馬船上的騎兵也上了岸，手執長矛衝向海匪。兇悍的海盜不是騎兵的對手，不一會兒就抵擋不住了。陳祖義見勢不妙，慌忙跳上一隻小船逃跑了。明軍消滅了海盜幾百人，把俘虜連同他們搶劫的財物都裝上船，並放火燒掉了海盜的巢穴。

後來，陳祖義終於被鄭和活捉了。鄭和把繳獲的海盜船和財物送給當地居民，另選他們的酋長為島主，規定此地永為大明屬地，要他們按時納貢。人們感激不盡，大家載歌載舞，歡送鄭和的船隊繼續遠航。

不久，鄭和的船隊到了滿剌加（今麻六甲），當地酋長用最隆重的禮節歡迎中國使者。鄭和宣讀了大明皇帝的詔書，封酋長為滿剌加國王，並把冊封文書刻成大理石碑，樹立在滿剌加半島的主峰上。

滿剌加的居民一直以捕魚為生，不會

耕地，糧食全靠用海產品交換。鄭和提出教漁民耕種，酋長
高興得手舞足蹈。鄭和先派出鐵匠和木匠，趕製了一批
農具，又留下上百名農家出身的士兵，教當地居民
平整土地，種植莊稼。很快，這裡就開出了一片
片農田。為了報答中國使者的恩德，酋長撥出

一個島嶼，專門供船隊建造
倉庫、貯存貨物用，還將這
個島嶼命名為「三寶島」。

西元1406年二月，鄭
和船隊告別滿剌加，繼續
西行。每到一地，鄭和先會
見當地首腦，與他們互贈禮
品，接著便指揮屬下把貨物
搬到岸上，搭起各色帳篷，
跟當地人做生意。當地居民
紛紛拿出自己的特產珍珠、

瑪瑙、香料、胡椒和藥材等來交換中國的絲綢和瓷器。雙方公平交易，彼此都很滿意。最後，船隊到達了這次航行的終點——印度半島西岸。

西元1407年九月，鄭和率領船隊返回了蘇州劉家港。同時還有許多國家派親王或使者隨船隊來中國訪問。鄭和到南京向明成祖報告了遠航的收穫。他獻上一幅海域圖和許多禮品，有夜明珠、貓眼綠等珍寶，還有獅子、斑馬、長頸鹿等奇異動物。明成祖非常高興，賞賜了船隊的有功人員，當即命令鄭和再次出洋。

鄭和休息了兩個多月，又率領船隊出發了。此後，他每隔幾年就出洋一次，28年裡共七下西洋，先後訪問了30多個國家，最遠到達非洲的索馬利亞和肯亞，大大促進了明朝與「西洋」各國間的相互瞭解和貿易往來。

鄭和下西洋是明朝開國初期的一件盛事，也是世界航海史上的一大壯舉。他所到之處，留下了許多古跡和紀念物，如麻六甲的「三寶城」、「三寶井」，泰國的「三寶廟」、「三寶塔」，印尼的「三寶壟」等。這些都是對這位偉大航海家的永恆紀念。

土木堡慘敗

明太祖朱元璋曾立下規矩，不許皇宮裡的太監過問國家政事，還在宮門口掛了一塊鐵牌，上面鑄著「內官不得干預朝政」8個大字。可是沒過多久，這規矩就被破壞了。

明成祖的孫子明宣宗在位時，宦官的權力已經越來越大。宣宗死後，9歲的太子朱祁（音 ㄑㄧˊ）鎮繼位，這就是明英宗。小皇帝的日常生活都由太監王振料理。王振年輕時讀過書，也參加過幾次科舉考試，都沒考中。他進宮當太監沒多久，就被派到東宮侍奉太子朱祁鎮。太子年幼貪玩，王振就想方設法哄他高興。等朱祁鎮登基做了皇上，已經離不開他了。

日子一天天過去，先朝舊臣都去世或退休了，王振便驕橫起來。小皇帝雖然長大了，卻對王振更加信任，經常把奏章交給他批閱。王振趁機把軍政大權抓在自己手中，朝廷裡沒有人敢違背他，連王公、貴戚們都想著法子來討好他。

這時，北方蒙古族的瓦剌部正在興起。平時他們向明朝進貢馬匹，明朝給他們大量的賞賜。可是瓦剌首領也先對明朝懷有野心，經常進犯邊關。王振不但不加以防範，還用大量的箭頭跟也先換馬匹，並厚待瓦剌使者。西元1449年正月，也先得寸進尺，派2000多使臣來進貢，卻謊稱3000人。沒想到這次王振一反常態，讓禮部按實際人數發賞，還故意削減貢馬的價錢，每匹馬價還沒有原來的五分之一多。

也先勃然大怒。當年七月，他率領瓦剌大軍入侵大同。

瓦剌軍一路銳不可擋，明朝守軍連連戰敗，告急文書雪片般飛進北京。王振看了邊報，尋思大同離他的家鄉蔚州（今河北蔚縣）不遠，要是瓦剌軍占了蔚州，他的大批田產就毀了。於是，他極力鼓動英宗皇帝帶兵親征。

英宗像個聽話的「孩子」，王振怎麼說，他就怎麼做。儘管滿朝文武紛紛反對皇帝親征，英宗卻一心想讓天下人看看自己的英明神武，只做了兩天準備，就帶領100多位官員和50萬大軍出了北京。

　　這時正是北方多雨的季節，浩浩蕩蕩的大軍在泥濘的道路
上艱難地行進著。由於是倉促出兵，糧草準備不足，士兵也沒
經過訓練，加上又累又冷，所以才出了居庸關，就有好多人餓
死病死，路上留下了無數屍體。來到宣府，大臣們為皇上的

安危著想，都要求在此駐軍。王振卻破口大罵，並罰兵部尚書鄺（音 丂ㄨㄤˋ）野等人在路邊草地上跪了一天。

　　而也先呢，他認真研究了局勢，決定指揮軍隊假裝敗退，引誘明軍來追。於是明軍一路上沒見到一個敵人，順利到達了大同。

　　在君臣們慶賀的宴會上，王振嚷嚷著還要繼續揮師北上。大家以為不可，王振把眼一橫，說：「天兵一到，誰敢不從？你們不要多嘴了！」這時，傳來了前線「天兵」全軍覆沒的消息。鎮守大同的太監郭敬對王振說：「也先早就在前面設下了埋伏，貿然進兵，只怕性命難保啊！」王振這才害怕起來，忙傳令班師回京。

　　第二天，明軍開始撤出大同。誰知王振忽然心血來潮，一定要讓大軍繞道經過蔚州回京，因為他想讓皇帝上自己家玩上幾天 —— 那是多大的榮耀啊！可是大軍走了40里後，王振又開了竅：「這麼多人經過蔚州，還不把自家田地裡的莊稼全踏壞了？這可不行！」於是他馬上傳令，命大軍改道向東回京。

　　這一折騰，撤軍的時間全被耽誤了。8月13日，也先率領的瓦剌騎兵在狼山追上了明軍。明英宗急忙派成國公朱勇領3萬軍隊抵擋。不料朱勇中了也先的埋伏，3萬人馬全軍覆沒，他也戰死了。

　　趁朱勇與也先糾纏的工夫，明英宗退到了土木堡（今河北懷來縣沙城東）。這時，太陽漸漸西下，鄺野建議再走一程，趕到懷來城宿營，那裡有城可守，比較安全。可是王振想到裝載他一路搜刮的財寶的大車還沒趕到，便不顧皇上及將士的安危，堅持要在土木堡宿營。鄺野冒死進見皇上，勸他下令火速撤退。皇上還沒說話，王振卻怒氣沖沖地罵開了：「你這個酸腐儒生懂什麼兵法！快給我退出去！」

鄺野長跪不動，王振就讓人把他拉出大帳。鄺野急得無法，只能和幾位老臣抱在一起痛哭。

　　土木堡地勢較高，附近沒有水源，幾十萬將士兩天喝不到水，渴得要死。王振下令就地挖井，可是挖了幾丈深也不見滴水，大家都罵不絕口。

　　這時也先的騎兵已經殺到，從麻穀口發起猛攻。明軍將領郭懋（音ㄇㄠˋ）死守麻穀口，雖然死傷慘重，卻讓也先無法前進。也先見硬攻難以取勝，就派人來講和。

　　王振信以為真，趕忙派人去商定條款。也先假裝撤退，暗中嚴陣以待。

　　王振見瓦剌撤兵，便傳令移營到有水的地方去。明軍士卒一窩蜂地奔向南方十五里處的一條小河，頓時大亂。也先一見，立即率軍衝殺過來。明軍慌亂成一團，被勢如猛虎的瓦剌軍殺得一敗塗地，屍體把田野都蓋滿了。

　　明英宗和王振在羽林軍的護衛下幾次突圍，都沒有成功。皇帝心裡慌張，坐在草地上直發抖，王振也站立不穩，哆哆嗦嗦。將軍樊忠正跟敵人廝殺，王振喊他來保護皇上。樊忠回頭看見王振，撇開敵人跑過來，咬牙切齒說：「都是你這個奸賊鬧的！看我為天下除害！」舉起鐵錘砸碎了王振的腦袋，回身又衝入敵陣，血戰到死。

　　明英宗見大勢已去，只好坐在草地上，聽天由命。不過，他並沒受傷，直到瓦剌軍打掃戰場，才被抓了起來。也先一見，大喜過望，挾持著明英宗凱旋而歸。

　　土木堡一戰，明王朝50萬大軍全部覆沒，100多位文武大臣喪命，皇帝被俘。明朝元氣大傷。瓦剌鐵騎則自此愈發猖獗，時來時去，一直威脅著北京城。後來虧得有于謙主事，北京才轉危為安。

于謙保衛北京

于謙是錢塘人，從小酷愛讀書，腦子裡裝滿了愛國愛民思想。他少年時做了一首詩叫《石灰吟》，表達了自己內心崇尚高潔、堅貞不屈的志向：

千錘萬擊出深山，烈火焚燒若等閒。

粉身碎骨渾不怕，要留清白在人間。

後來于謙考中進士做了官。在任上，他清正廉潔，不肯搜刮老百姓的財物去「孝敬」朝廷中的權貴，結果被王振捏造罪名，坐了3年大牢。可是復出後，于謙還是不肯低頭。他當河南、山西兩省巡撫時，有一次要進京奏事，有人勸他：「給王振送點禮吧，拿不出金子銀兩，送點線香、蘑菇之類特產也是好的。」于謙笑笑，舉起衣袖說：「我只有兩袖清風！」

土木堡慘敗的消息傳到京城，朝廷中一時亂成一團。大臣們聚在朝堂上，為被俘的皇帝和幾十萬陣亡軍士痛哭不止。國不可一日無主，皇太后連忙立英宗兩歲的長子朱見深為太子，又讓英宗的弟弟郕（音ㄔㄥˊ）王朱祁鈺總理朝政。此刻，瓦剌軍因土木堡的勝利士氣高漲，隨時都可能長驅直入，兵臨城下，而北京的守軍只有10萬，情況十分危急。只見侍講徐埕上前一步，對郕王說：「瓦剌兵力太強，用10萬老弱殘兵和他們對抗，無疑是拿雞蛋往石頭上碰。天象告訴我們，北京將有大難，只有遷都南京才能避免災禍。」

話音剛落，于謙便大聲說：「主張南遷的，就應該殺頭！北京是天下的根本，遷都一定會動搖民心，不戰自敗。你們難道忘記了北宋南遷的教訓嗎？現在的首要任務是快速調集軍隊，積極備戰，只有這樣，大明江山才能安定！」

徐埕暗自地退到一邊，低著頭不敢再說什麼了。于謙的主張得到了太后、郕王以及大多數朝臣的支持，他被提升為兵部尚書，擔負起保衛北京的重任。

西元1450年九月，郕王朱祁鈺登基做了皇帝，史稱「明景泰帝」，而在瓦剌營帳中當囚徒的明英宗則被尊為太上皇。也先本以為俘獲了明朝皇帝，就可

以實現他恢復元朝天下的夢想了。沒想到明朝又立了新皇帝，給了他當頭一棒。失望之餘，他派使臣通報景泰帝，說是要親自送英宗回朝。

　　明朝上下又是一陣大亂。這時又是于謙出面穩住了陣腳，他說：「也先的真實意圖是趁送太上皇回京的時機奪我大明江山。我們一定要做好戰鬥準備！」景泰帝當即命令各營將士一律聽從于謙指揮，對犯禁違令者可以先斬後奏。

　　果然，也先送明英宗是假，大舉進犯北京是真。這年的十月初一，瓦剌軍分三路進軍。也先親自率領主力部隊，一路攻關奪隘，直抵北京城下。

　　軍情緊急，于謙說：「賊寇氣焰囂張，不給以迎

頭痛擊，他們就更不把大明朝放在眼裡了。」

他下令軍隊開出京城九門，然後緊閉城門，表示要與敵人戰鬥到底。他自己則全身披掛，親自督戰，並傳令三軍：「將官臨陣脫逃，斬將官！士兵臨敵而退，後隊斬前隊！」明軍士氣大增。

十月十三日，也先親率瓦剌主力十萬人馬向德勝門殺來。誰知眼前只有一小隊明軍騎兵迎戰，而且根本不堪一擊，很快就敗退進城了。也先大笑著對部下說：「于謙這個文弱書生只會耍些小聰明，哪裡懂得兵法？」立刻催動人馬緊追不捨。哪想剛追到德勝門前，猛聽得喊殺聲震天，兩旁的空房中一下子殺出了無數的明軍，城頭上的火炮、火銃（音 ㄔㄨㄥˋ）也同時發射，把瓦剌軍打得暈頭轉向，四散逃竄。也先的弟弟「鐵元帥」孛羅也中炮而死。

也先不甘心失敗，率軍轉而進攻西直門，又被嚴陣以待的明軍殺得大敗而歸。

時令名菜 南北風味

宴席

也先越想越氣：本以為挾持著明英宗，可以輕而易舉地襲取北京，沒想到第一戰就敗得這樣慘。一怒之下，他再次聚齊兵馬，向彰義門殺來。這裡駐有幾百名明朝宦官，為了爭功，他們紛紛躍馬亂衝，一下子亂了明軍的陣腳。瓦剌軍趁勢反撲，一直把明軍追擊到土城。當地居民眼見形勢危急，紛紛爬上屋頂，舉起石頭瓦塊投向敵人，使瓦剌軍一時無法前進。明朝援軍及時趕到，再次殺退了敵軍。

瓦剌軍接連失敗，死傷無數。這時，各地增援的明軍陸續到來，也先害怕被切斷退路，便決定退兵。他不甘心空手而歸，就耍了個花招，以歸還明英宗為條件，派人去跟明軍講和。于謙識破了他的詭計，趕走了瓦剌使者，又命令石亨炮轟也先營寨。頓時，瓦剌軍營火光沖天，血肉橫飛。損失慘重的瓦剌軍只好全線撤退。

十一月八日，瓦剌軍全部撤回塞外。北京保衛戰取得了輝煌的勝利。

于謙為保衛北京立下了汗馬功勞，是明王朝的大功臣。可是幾年後，他卻以「謀逆」大罪被判了死刑。

原來，也先回到蒙古大漠後，知道留著明英宗再也沒什麼用了，為了與明朝和好，就派人把英宗送回了北京。這個太上皇見過群臣後，立刻被軟禁起來。轉眼間7年過去了，景泰八年正月，景泰帝得了重病，臥床不起。於是，大臣徐有貞（徐埕改名）、石亨等人趁機發動政變，把明英宗重新扶上了皇帝寶座。

第二天，明英宗對幫助他復位的人大加封賞，同時下旨將于謙等人逮捕下獄。于謙曾幫助景泰帝即位，這讓英宗心裡很不痛快。徐有貞因為主張遷都、石亨因為濫用權力都曾受過于謙的譴責，二人懷恨在心，便極力在英宗面前說于謙的壞話。最後，英宗終於下詔將于謙處死。

于謙死時年僅59歲。除了一些書籍外，他什麼財產都沒留下。

47

戚繼光驅除倭寇

「倭寇」是古代對日本海盜的稱呼。唐朝以前，日本被稱為「倭奴國」。元末明初，「倭奴國」正處在封建割據時代，戰火連連。於是便有一些失敗的武士、政客和浪人流落海外，常年盤踞在東南沿海一帶的小島上。明朝初年，國家強盛，重視海防，倭寇形不成氣候。自英宗時期始，政治腐敗，海防鬆弛，倭寇的氣焰就日益囂張起來了。到了嘉靖皇帝時期，倭寇跟明朝的官僚、富商勾結在一起，連年侵擾我國的東南沿海地區，燒殺搶掠，無惡不作，老百姓飽受欺凌，苦不堪言。

嘉靖三十四年（1555年），朝廷派戚繼光到浙江沿海主持防務。戚繼光是山東蓬萊人，武將家庭出身，從小習兵練武，喜歡讀書。他17歲就當了武官，20多歲總督山東抗倭軍事，把山東把守得像鐵桶一樣穩固。

戚繼光剛到浙江不久，便有800多名倭寇竄到慈溪，進而侵擾到龍山所。龍山所是通往杭州的重要門戶，當地雖有1萬多守軍，但軍心渙散，缺乏統一指揮。一次，雙方剛一交戰，守軍就被這股倭寇嚇得陣腳大亂。幸虧戚繼光率軍及時趕到。戚繼光跳上一塊巨石，彎弓引箭，一連射倒3名倭寇頭目。猖獗的倭寇立刻嚇得一哄而散。

後來，又有一股倭寇襲擾龍山所。戚繼光督軍迎戰，很快便將倭寇打跑。

　　兩次戰鬥使戚
繼光深感自己的軍隊素
質太差，決心重建一支新
軍。1559年，他親自到浙江
的義烏挑選了3000名農民和礦
工，就地嚴格訓練。他根據南方水
田密佈、溝渠縱橫的特點，創造了新式
陣法「鴛鴦陣」，還發明了一種叫做「狼筅
（音 ㄒㄧㄢˇ）」的長兵器，大大加強了軍隊的戰鬥力。這
樣，一支組織嚴密、紀律性強又驍勇善戰的新軍誕生了，人們都稱它「戚家軍」。

　　西元1601年五月，大股倭寇進犯台州，戚繼光率軍奔去救援。戚家軍吶喊著衝向
倭寇，倭寇也怪叫著撲了上來。廝殺了一陣，戚家軍漸漸把倭寇沖得七零八落。「鴛鴦
陣」大發神威 —— 敵人射出的箭被藤牌收了；在「狼筅」的橫掃下，倭寇們只好左右閃
避，一不小心就掉進水田裡，跟著後邊的長槍又刺到了。戚家軍所向披靡，田埂上下到
處是倭寇的屍體。

倭寇首領見勢不好，趕忙揮舞紙扇命令收軍。倭寇奔到澄江邊，排成「一」字陣，負隅（音 ㄩˊ）頑抗。戚繼光一聲令下，戚家軍迅速化零為整，組成一個龐大的雁列陣，向敵寇進逼，前邊掃，後邊刺。倭寇抵擋不住，一步步後退，「撲通撲通」地都掉進江裡了，最後只好束手就擒。

不到一個時辰，戚家軍就把來犯的倭寇全部殲滅，取得了明朝抗倭以來最大的一次勝利。戚家軍從此威名遠揚。

倭寇見浙江防守如此嚴密，不敢再來侵犯，轉而前往福建沿海搶劫騷擾。福建巡撫向朝廷告急，戚繼光又被派往福建。這時，戚家軍已經發展到6000人了。

戚繼光帶領新軍趕到福建寧德，探知倭寇的巢穴在橫嶼島上。這裡四面是水，地勢險要，易守難攻。不過，戚繼光派出的探卒發現，在夜晚海水落潮後，有片泥灘可以直通橫嶼島。戚繼光立即命令士兵作好戰鬥準備。

夜半時分，潮水退落，橫嶼島籠罩在一片黑暗裡。戚家軍排好佇列，每人夾帶一捆乾草，來到橫嶼島的對岸。他們把乾草扔到漸漸露出水面的泥灘上，鋪出一條路來，靜悄悄地上了島，然後便火速前進，直奔倭寇大營。

這時，2000多倭寇還在蒙頭大睡，等到戚家軍沖到眼前時他們才發覺，只好倉促應戰，結果被消滅得一個都沒剩。

盤踞在牛田的倭寇得到消息，驚恐萬分，日夜防備，準備與戚家軍決一死戰。戚繼光率軍來到福清，故意放出口風，說是戚家軍遠道而來，士兵疲憊，要好好休息一番。牛田的倭寇聽了大大鬆了口氣，都回到營帳放心睡起覺來。不料戚家軍卻連夜出動，神兵天降一樣衝進敵營。倭寇們從睡夢中驚醒，慌忙逃竄。戚家軍一鼓作氣，星夜追擊，天未亮就追到了興化的林墩。

興化是福建南部的名郡，十分富庶，不久前被倭寇攻陷。戚繼光沒有硬追，帶兵暫時返回浙江。倭寇得知後，又有1萬多人竄回興化，還大擺酒宴慶祝，說：「戚老虎走了，這裡又是我們的天下了！」可是沒過多久，戚家軍再次出現，會同福建的抗倭名將俞大猷（音 ㄧㄡˊ ）率領的軍隊，將這股頑固的倭寇徹底消滅了。百姓們獲知這一消息，紛紛抬出酒肉，前來慰勞「戚家軍」。

此後，一見到戚家軍的旗幟，倭寇們便心驚膽戰，轉身就逃。戚家軍經歷了大小戰鬥80多次，每戰必勝，終於徹底蕩平了廣東、福建等東南沿海一帶的倭患。

後來，當中國的北方遭到蒙古騎兵侵擾時，戚繼光又被調去鎮守薊（音 ㄐㄧˋ ）州。他在那裡守衛16年，訓練邊兵，整修邊牆，使北京的安全得到了保障。

戚繼光真不愧是明代最善於治兵的將軍。他功勳卓著，名垂千古。

53

自毀長城

　　「女真」是生活在我國東北的一個古老民族。它建立的金國被南宋和蒙古聯兵攻滅後，女真族便分裂成許多大小不一的部落，彼此攻戰不休。這種狀況一直延續到明朝後期。

　　西元1583年，圖倫城的尼堪外蘭想吞併附近的女真部族，就和明朝遼東總兵李成梁合謀，共同攻打女真族的建州部。建州部有個叫努爾哈赤的首領，他的祖父、父親都死在這場戰鬥中。努爾哈赤悲憤欲絕，收拾起父輩留下的13副盔甲，發誓要報仇雪恨。

　　他召集兵馬，先攻殺了仇人尼堪外蘭，後逐漸統一了女真族各部。在這一過程中，努爾哈赤還創造了滿文，並在政治和軍事上建立了有名的「八旗制度」。

　　西元1616年春節，努爾哈赤在東北地區建立了「大金國」，歷史上稱為「後金」。他又花了兩年多的時間訓練軍隊，然後殺牛宰羊，祭告天

地，宣佈對明朝的「七大恨」，正式向明朝宣戰。不久，努爾哈赤就出兵攻下了撫順。

　　警報傳到北京，明朝君臣十分驚駭。朝廷立即調集10萬大軍，分四路殺向「大金國」。可是在著名的薩爾滸戰役中，4路明軍被努爾哈赤吃掉了3路。後金軍又攻下了瀋陽、遼陽等70多座城池。為了便於向南推進，努爾哈赤遷都瀋陽，將其改名為「盛京」。此刻明朝正值萬曆皇帝朱翊鈞在位，朝政被宦官魏忠賢把持，內政外交一片混亂，竟然找不出一個能抵抗後金的軍事統帥。

　　在這危難之時，一位叫袁崇煥的文官主動站了出來，請求領兵去守東北。袁崇煥是廣東東莞（音ㄍㄨㄢˇ）人，考中進士後當過3年縣官，後來調進兵部任職。由於努爾哈赤在東北縱橫馳騁，明朝軍隊連吃敗仗，已經退守到山海關內，京城人心恐慌，兵部衙門裡已有人主張放棄東北了。袁崇煥不贊成這種悲觀論調。為了弄清情況，他冒著生命危險，一個人騎馬跑到關外，做了一趟秘密的實地考察。7天後袁崇煥回到京城，立即上書朝廷，請求撥給他兵馬糧餉，去東北駐軍抗敵。

　　一個文官提出帶兵守邊的請求，這事震驚了朝廷內外。朝廷正發愁找不到擔當重任的合適人選，就順水推舟，立即任命袁崇煥為山海關監軍。

袁崇煥滿腔熱忱地來到邊關，卻在戰略問題上跟遼東經略王以晉發生了激烈爭執。王以晉主張放棄東北，只在山海關外八里處構築新城，護衛關內。袁崇煥則堅持要在關外200里的寧遠設防。兩人各不相讓，一直鬧到了朝廷上。最後，王以晉被調走，主張抗擊後金的內閣大學士孫承宗代替了他。在孫承宗的支持下，袁崇煥不但修築了寧遠城，還收復了遼西失地200多里，修復了幾十座城堡，派兵嚴密把守。東北邊防終於得到了暫時的安定。

　　但是，挺進山海關，佔領整個關東地區，是努爾哈赤的既定方針。1626年正月，努爾哈赤率領6萬精銳騎兵，渡過遼河，逼近寧遠，並截斷了寧遠通向山海關的大路，使寧遠成為一座孤城。努爾哈赤派人去見袁崇煥，連威嚇帶利誘，要他投降。袁崇煥卻說：「我是朝廷命臣，寧可守城戰死，也決不投降！」努爾哈赤大怒，下令士兵登梯攻城。

　　城下喊聲震天，後金士兵奮勇而上；城上箭石如雨，明軍火炮隆隆。努爾哈赤見強攻難以取勝，就用戰車做掩護，讓士兵鑿毀城牆。當時天寒地凍，厚厚的城牆就像鐵鑄的一樣，後金士兵死了一批，又換上一批，費了九牛二虎之力，總算鑿開了一丈多的大缺口。袁崇煥發現後，率軍趕來，一面用炮火猛轟敵軍，一面用土石堵塞住城牆缺口。在激戰中，袁崇煥的左臂負了傷，他撕下戰袍裹住傷口，繼續指揮戰鬥。

　　後金軍攻到夜晚也沒有任何進展，只好收軍。努爾哈赤不肯甘休，第二天

天一亮又下令攻城。袁崇煥命令軍士用西洋大炮向下猛轟，把敵軍打得屍横遍野。努爾哈赤為了鼓舞士兵的鬥志，親自冒著炮火向前衝，結果被一塊射來的巨石擊中，頓時昏倒在地，鮮血直流。

　　努爾哈赤退回瀋陽，回想自起兵以來，一直攻無不克，戰無不勝，卻在寧遠損兵折將，還差點喪命，不禁氣惱地說：「這袁崇煥是什麼人，我竟然敗在了他的手下！」

由於憂憤過度，努爾哈赤不久就去世了。他的八兒子皇太極即位，將國號改為「清」。

袁崇煥聽說努爾哈赤的死訊，便派人來弔孝，並希望雙方能夠停戰和解。可是皇太極不理這一套，整頓兵馬又來進攻明朝的寧遠和錦州，不料又被袁崇煥打敗了。

無奈之下，皇太極決定避開袁崇煥，從長城喜峰口入關，直奔北京。誰知這一戰略竟取得了成功，清軍自喜峰口長驅直入，一直打到了北京城的德勝門外。袁崇煥得知京城告急，雖然沒接到皇上的聖旨，還是帶領人馬日夜兼程趕回

來救援。剛到京郊，明軍就與清兵展開了激戰。清兵遇到勁敵，不得不後退幾十里駐紮下來，北京城這才得以解圍。

可就在這時，竟有謠言說清軍是袁崇煥引來的。崇禎皇帝是疑心病很重的人，聽了這些謠言，竟懷疑起袁崇煥來。這些情報很快就傳到了皇太極耳朵裡，他立刻心生一計。

清軍曾俘虜了兩名明朝的太監，這時正關押在軍營中。一天夜裡，一個姓楊的太監聽到帳外看管的士兵在輕聲交談：「汗王（皇太極）和袁督師（袁崇煥）早就有密約，進北京的事眼看就要成功了！」

楊太監大驚失色，心裡萬分焦急。好在清軍看管不嚴，他看準機會逃回北京，把聽來的一切報告了皇上。這正好證實了崇禎皇帝對袁崇煥的猜疑。於是袁崇煥立即被抓了起來，不由分說被丟進了大牢。皇太極知道自己的計策成功了，便帶兵撤回盛京。誣告袁崇煥通敵謀反的人這回又有了藉口，說正因為他被關進了大牢，清兵得不到內應，才放棄攻打北京的。崇禎皇帝越聽越覺得正確，就下令殺了袁崇煥。京城百姓聽了朝廷的宣傳，以為袁崇煥真是一個叛國通敵的大漢奸，人人恨得咬牙切齒，竟在刑場上爭相割了他的肉來吃。

這時，只有皇太極最高興了：他略施小計，明王朝就「自毀長城」，替他除掉了袁崇煥。此後，清軍完全可以順利地向南推進了。

李自成進北京

崇禎皇帝殺了袁崇煥，明王朝失去了一位抗擊清軍的傑出將領。不過，後來攻破北京城，逼迫崇禎皇帝自殺的，卻不是來自東北關外的清兵，而是李自成領導的農民起義軍。

出生於陝西米脂縣的李自成，祖祖輩輩都是種田人。父親省吃儉用供他讀書，後來實在供不起了，只好讓他去為地主放羊。在辛勤的耕作中，李自成練就了一身好武功。他當過驛卒，做過守邊的士兵，但都不能維持生計，後來又因為替一個農民兄弟打抱不平，得罪了知縣晏子賓，被判斬首。夜裡，他的侄子李錦帶著幾個人摸進縣衙，救走了他。李自成遠走甘肅，投奔了張存孟的起義軍。因為武藝過人，作戰英勇，李自成不久就當上了隊長。後來，張存孟受了朝廷招安，李自成卻不願為朝廷賣命，就投奔到當時最強大的農民起義軍高迎祥的隊伍中。由於武功高強，機智果敢，李自成很快被高迎祥重用，封為「闖將」。

當時，全國各地幾乎都有農民起義爆發。為了消滅農民軍，明王朝特別設置了山西、陝西、河南、湖廣、四川五省總督府，任命陳奇瑜為總督。西元1634年7月，陳奇瑜與明將盧象升同時進兵，將高迎祥的農民起義軍團團包圍。

怎樣才能突破官軍的包圍呢？機智的李自成派人去賄賂陳奇瑜的部下，說自己想投降官軍。陳奇瑜巴不得早日罷兵休戰，就高興地同意了，並傳令眾士兵：對穿過防區的起義軍不許捕殺。於是李自成帶著自己的軍隊，大搖大擺走出了包圍圈。等到離官軍大隊人馬遠了，他突然命令起義軍把押送的官軍全部殺死。農民軍絕處逢生，李自成更是名聲大振。

打了敗仗的陳奇瑜被撤了職，五省總督由洪承疇接任。洪承疇很快就調兵遣將，把各路起義軍一起困在了河南。為了衝破包圍，13家72營農民軍的首領聚集在滎（音 ㄒㄧㄥˊ）陽研究對策。可大家卻眾說紛紜，拿不定主意。這時李自成站了起來，高聲說：「目前最重要的是統一步調，協同作戰。我們應該選定不同方向，分兵迎敵！」大家一致贊同這個意見。於是會議做了詳盡的分工部署。按照這個部署，高迎祥和張獻忠兩支起義軍隊伍一起東進，攻克了潁州、鳳陽等重鎮，還一把火燒了朱元璋曾經出家的皇覺寺，舉國震撼。崇禎皇帝在宮中穿起了孝服，對著鳳陽方向跪拜大哭，發誓要剿滅起義軍。

西元1636年秋天，高迎祥在陝西中了官軍的埋伏，不幸被俘犧牲。在大家的一致推舉下，李自成做了「闖王」，成為起義軍的領袖。

西元1637年，在兵部尚書楊嗣昌的周密策劃下，官軍大舉圍剿，將農民起義軍各個擊破。不得已，張獻忠接受了朝廷的招安。李自成則在潼關一戰中一敗塗地，只有連他在內的18人突出重圍，逃到商洛山中。明末農民起義軍一時銷聲匿跡。

可是李自成不甘心失敗，他在山裡讀書練武，總結教訓，等待時機，準備東山再起。

又過了一年，河南災荒嚴重，但朝廷的苛捐雜稅

61

卻分文不減，老百姓流離失所，人人心懷怨憤。李自成認
為時機成熟了，就又打起「闖王」大旗。飢民們立即回應，起
義隊伍很快就發展到幾萬人。李自成領著隊伍
攻城掠地，開倉放糧，剷除地主惡霸，並提
出「均田免糧」的口號。在飢苦中掙扎的農
民看到了希望，紛紛唱道：「吃他娘，穿他
娘，吃穿不盡有闖王；不當差，不納糧，大
家快活過一場。」起義軍每到一地，都宣
佈一些有利於農民的政策，如「三年不徵
（稅）」或「五年免徵（稅）」，「平買平
賣」等，深得民心，隊伍也迅速擴大。

　　李自成的起義軍紀律嚴明，對老百姓秋毫
無犯，得到了各階層人民的擁護。而官軍卻腐敗
不堪，軍官貪贓，士卒困苦，有時連褲子都沒有。每
當兩軍對陣時，李自成就叫部下呼喊：「別給官府賣命
了！瞧你們缺衣少糧的，還能打仗嗎？快過來吧，保證不
殺，還給你們錢糧！」結果官軍紛紛在陣前倒戈，大批地
參加起義軍。李自成在河南取得了輝煌的勝利。

　　1641年，起義軍攻克洛陽，殺了皇帝的叔叔、福王朱
常洵。朱常洵貪婪殘忍，壓榨百姓不擇手段，他寧肯讓糧倉
中的穀子都發黴也不肯早點拿出來救濟災民。他被起義軍誅殺
後，老百姓揚眉吐氣，拍手稱快，起義軍威名遠揚，很快發展到
超過百萬人。接著又三打開封，消滅明軍幾萬人，佔領了河南全省。
不久，李自成攻下湖北重鎮襄樊，在這裡建立了政權，改襄陽為襄京，李自
成自稱「新順王」。緊接著又大舉進軍關中，攻破潼關，消滅了當時最有實力的明朝軍
隊，殺死其統帥孫傳庭，並攻克西安，肅清了陝西、甘肅一帶的敵對勢力。

　　1644年正月，李自成在西安正式宣佈建國，國號「大順」，年號「永昌」，改西安為
西京。2月，他率領大軍從龍門飛渡黃河，兵臨太原。明朝軍隊不戰而降，人民夾道歡迎。

　　此後，起義軍兵分兩路，一路南奔正定、保定，切斷明軍南逃的退路，另一路由忻
州、大同、宣府直撲北京。農民軍勢如破竹，3月上旬就進入居庸關，16日包圍了北京城。

李自成派人傳話，勸說崇禎皇帝投降。遭到拒絕後，他下令發動進攻，殲滅了護衛北京地區的明朝政府軍「三大營」，繳獲了大量軍用品和火炮。

18日，李自成下令強攻北京。起義軍從三面環攻，戰鬥十分激烈。李自成一邊指揮士兵攻城，一邊把被俘投降的太監杜勳用繩墜入城內，讓他去勸崇禎讓位。崇禎皇帝勃然大怒，決定親自提兵與李自成決一死戰。就在這時，太監曹化淳打開了北京城的彰義門（今廣安門）向李自成投降，起義軍很快就佔領了北京外城。

這天晚上，崇禎皇帝在太監王承恩的陪同下，登上了皇宮後面的煤山（景山）。遙望夜空，只見火光四起，喊殺聲不時傳來。他在山上徘徊了許久，想到自己即位以來，東北清兵幾次入關撲到北京城下，西北又出了個李自成。如今京城已破，大明朝就要亡在自己手裡了，不由黯然淚下。他默默回到乾清宮，喝了個酩（音ㄇㄧㄥˇ）酊（音ㄉㄧㄥˇ）大醉，大叫一聲，推翻了桌案，然後提著利劍進入後宮，先逼著皇后和貴妃上吊，又召來15歲的女兒長公主，流著淚說：「你為什麼偏偏生在帝王家呀！」說罷轉過頭去，狠心刺向公主。公主立刻倒在了血泊中。

天色拂曉時，年僅33歲的崇禎皇帝在煤山的一棵槐（音ㄏㄨㄞˊ）樹上自縊而死。明王朝就此滅亡。

3月19日上午，李自成頭戴白氈笠，身穿藍布箭衣，騎著一匹烏騅（音ㄓㄨㄟ）馬，在百姓的歡呼聲中，由德勝門進入北京城，一直走進紫禁城內。

鄭成功收復台灣

李自成進入北京後，縱容部下向明朝官吏「追贓」要錢，部下劉宗敏還搶了寧遠總兵吳三桂的愛妾陳圓圓。聽到這個消息，一直在山海關阻擋清兵南下的吳三桂勃然大怒，他立即與清國的睿親王多爾袞訂下共同攻打起義軍的盟約。結果是李自成戰敗，倉皇撤出北京，最終被殺死在湖北的九宮山。多爾袞則就勢佔領了北京。大清國終於邁出了統一全國的步伐。

明王朝滅亡了，它的一些皇族成員卻不死心，他們在中國的南方先後建立了幾個「南明」小朝廷，時刻準備「反清複明」。唐王就是這些皇族成員中的一個，他的主要支持者是福建總兵鄭芝龍。鄭芝龍的兒子鄭森，雖然還是個少年，卻見識非凡，英氣勃勃。唐王非常喜愛他，特地給他改名叫「成功」，意思是反清復明的大業能透過他的努力取得成功。

唐王正式登基做「皇帝」後，封鄭芝龍為平國公，讓他擔當興復明朝江山的重任。可是鄭芝龍卻遲遲不行動。鄭成功急切地問：「陛下誓師北伐已經好久了，父親怎麼還不出兵？」鄭芝龍不說話，只微笑著把一封信遞給兒子。鄭成功一看，這是已投降清朝的明朝大將洪承疇寫來的。洪承疇投降後被清王朝任命為招撫大學士，他在信中以同鄉的身份勸鄭芝龍也投降清王朝。鄭成功氣憤地把信撕了個粉碎，說：「這個國賊，竟想讓我們也做不義之人！可惡！」鄭芝龍見鄭成功一身正氣，心裡的話不好出口，只好含含糊糊地把兒子打發走了。

　　其實，鄭芝龍這時已下定了降清的決心。他先是撤回了仙霞關的守軍，讓清兵暢通無阻地進入福建，滅掉了唐王政權，隨後即歸順了清王朝。鄭成功則堅決不從！他與父親徹底決裂，並組織起一支軍隊，打起明朝的旗號，開始北伐清軍。

　　不久，鄭成功打到了南京、鎮江一帶。可後來卻遭到失敗，只得退回廈門。鄭成功知道，現在他急需一個穩固的地方作為事業的立足點。於是他便把目光投向了台灣。

　　台灣位於中國的東南方，但從西元1601年起，荷蘭殖民者就以通商和貿易的名義，對中國大陸的沿海各地和台灣海濱進行侵擾。1624年，荷蘭人登上台灣，對當地的高

　　山族居民說：「我們只想要一張牛皮大的地方容身，決不侵犯你們。」善良的人們答應了他們的要求。誰知這些狡詐的強盜將牛皮割成窄窄的長條，用它們聯成的牛皮繩一下子圈起很大一片土地，還用火槍逼著當地居民為他們修築了兩座城 —— 台灣城和赤嵌城（今台南）。隨後便封鎖了台灣的交通，對島民開始實行殖民統治。

　　說來也巧，就在鄭成功想在台灣建立根據地的時候，台灣派來了一個叫何斌的使者。他是當地漢族人的首領，當時正在給荷蘭人做翻譯。荷蘭人希望能跟鄭成功通商，派何斌來接洽。可是何斌心裡卻一直想趕走侵略者，恢復漢人的天下，所以他一進鄭成功的大帳就拜倒在地，淚流滿面地控訴荷蘭鬼子的罪行，訴說台灣居民趕走侵略者的決心。鄭成功非常高興，他下定了收復台灣的決心。

何斌從小在台灣長大，熟悉那裡的地理情況，又對荷蘭人的軍事部署瞭若指掌，對鄭成功來說無疑是上天賜予的幫手。經過充分的準備，在1661年，鄭成功親自率領100多艘戰船，浩浩蕩蕩向台灣進發。他看到荷軍在澎湖的力量較弱，便首先攻取了澎湖。不料這時暴風雨襲來，一連幾天海上都是波濤洶湧，惡浪翻滾。鄭成功著急了，說：「兵貴神速，在這裡多耽擱一天，我們成功的機會就少一分。現在就算是頂著風暴，我們也必須出征！」

3月30日，船隊冒著暴風雨橫渡海峽。剛出發不久，陰沉了好久的天突然放晴了。第二天上午，船隊就順利到達台灣的門戶鹿耳門。鹿耳門沙石淤滯，暗礁密佈，而且非常狹窄，被荷蘭殖民軍視為天險，所以一直沒有設防。鄭成功正在一籌莫展時，海水忽然漲潮了，而且一下子升高了十幾丈。鄭成功大叫一聲：「真是天助我也！」馬上抓住這難得一遇的時機，率領船隊駛過了鹿耳門。

直到第二天拂曉，台灣的荷蘭「總督」揆（音ㄎㄨㄟˊ）一才得到鄭成功進軍台灣的情報，他想佈防已來不及了。鄭成功大軍順利登陸，與荷蘭軍展開了正面交鋒。海面上，荷軍派出4艘戰艦來阻擊，鄭成功用60艘戰船將裝備精良的敵艦團團圍住，憑著頑強勇敢的拚搏精神，擊沉荷軍主力艦一艘，炸毀甲板船一艘，戰果輝煌。陸地上，鄭成功派4000人迎擊敵軍，又派700人繞到敵後夾擊，最終大敗荷軍，殺死了領頭的貝德爾上尉。

取得了海陸兩戰的勝利後，鄭成功勇氣倍增。他指揮軍隊迅速切斷赤嵌城與外界的水陸交通，又在台灣居民的大力支援下包圍了赤嵌城。赤嵌城是荷蘭殖民者在台灣的統治中心，城堡上裝著20個4000斤重的大炮，防禦工作很堅固。揆一被圍困後，馬上派人去搬救兵，同時給鄭成功送去10萬兩白銀，請求講和，表示願意年年向鄭成功進貢，只要他放棄收復台灣。鄭成功嚴正地說：「台灣是一定要收回的，你們想賴著不走，就只能被趕走！」

鄭成功命令立即攻城。可是城上火力強大，一時攻不下來。於是鄭成功又改用長期圍困的辦法，在城外築起了高牆。揆一只好把希望寄託在援軍身上，眼巴巴地盼望著他們到來。

荷蘭殖民者從巴達維亞（今印尼雅加達）先後派來兩批援軍，但都被鄭成功擊敗，沒能登陸。赤嵌城被圍困了8個多月，荷軍糧食斷絕，餓死、病死了不少。後來鄭成功進一步切斷了城裡的水源，荷蘭守軍再也堅持不下去了，只好舉著白旗出城投降。

西元1662年2月1日，揆一在投降書上簽了字。被荷蘭人侵佔了38年的台灣終於又劃歸為中國的領土！鄭成功也因此成為民族英雄，永垂史冊。

少年天子康熙

　　清朝入關後的第一位皇帝是世祖順治，可是他英年早逝。臨終前他指定三兒子玄燁（音ㄧㄝˋ）繼位，這就是著名的康熙皇帝。因為玄燁當時只有8歲，順治皇帝又指定了4個輔政大臣索尼、蘇克薩哈、遏（音ㄜˋ）必隆和鰲（音ㄠˊ）拜。

　　8歲的皇帝整天無憂無慮的只管讀書玩耍，朝政都掌握在輔政大臣手裡。4個輔政大臣中，鰲拜排名最後，力氣、脾氣和野心卻最大。索尼年老體衰，對政事沒什麼主見，遏必隆和他差不多，鰲拜就狂妄自大起來，想獨攬大權。蘇克薩哈不甘心，常常在朝廷上跟鰲拜爭得臉紅脖子粗，有時甚至要動手打架。鰲拜十分惱怒，就讓自己的心腹黨羽羅織罪名，硬要皇上下令絞死蘇克薩哈。康熙雖然年幼，卻聰明機警，分得清是非，不同意這樣做。鰲拜竟然挽起袖子，舞拳頭，大吵大鬧，把小皇帝嚇得臉色灰白。

　　康熙14歲時宣佈親政，把輔政大臣都晉升為太師。這時蘇克薩哈請求去為順治帝看守陵墓，鰲拜趁機對康熙說：「他這是不想交出輔政大權，以此威脅皇上。一定要嚴懲！」不等康熙說話，就叫人把蘇克薩哈拖出去，砍了頭。康熙見鰲拜這樣目中無人地指手畫腳，濫殺功臣，心裡十分生氣。可是鰲拜執政多年，黨羽眾多，而且力大無比，勇猛異常，康熙也不敢輕舉妄動。

　　一天，鰲拜假託有病不去上朝，還說皇上應該去探望他。康熙微微一笑，果真去了。鰲拜見皇上走進臥室，神色十分慌張，翻身起床時竟帶出了一把明晃晃的匕首，「噹」的一聲落在了地上。康熙身邊的侍衛們立刻刀劍出鞘，如臨大敵，怒視著鰲拜。康熙卻哈哈大笑，若無其事地說：「刀不離身是我們滿人的習慣，何必大驚小怪？」鰲拜以為皇帝對他沒有戒心，卻不知康熙已經下定了除去他的決心。

滿人崇尚武功，康熙也挑選了一些體格健壯、腿腳靈活的貴族子弟做自己的貼身侍衛，稱為「童子軍」，每天同他們一起玩「布庫戲」（摔跤）。鰲拜進宮議事時經常看見他們遊戲、角力，也並不在意，有時還指點幾招，心裡卻越來越看不上康熙，以為他就是個長不大的孩子。

一天，康熙覺得時機成熟了，就把侍衛們叫到跟前，問道：「你們是怕我呢，還是怕鰲拜？」侍衛們齊聲說：「我們只效忠皇上！」康熙激動地站起來，高聲說：「鰲拜亂我朝綱，今天我們就捉他歸案！」一切準備妥當後，康熙就讓太監傳旨，召鰲拜進宮。

鰲拜仍像平常一樣，大搖大擺地走進宮來。還未站定，就聽得小皇帝一聲令下，十幾個少年侍衛一擁而上，有的抱胳膊，有的扯大腿，將鰲拜摔倒在地，又捆了個結結實實。鰲拜這個得過「巴圖魯」（英雄）封號的滿洲第一勇士，等到明白發生了什麼事時，已經被捆綁著投到大牢裡了。

隨後，康熙召集大臣會審鰲拜。大臣們都痛恨鰲拜的專橫貪婪，將他欺君犯上、結黨營私等等罪狀一一列舉，共舉出30多條，一致認為該判他死刑。鰲拜請求再見皇上一面，康熙答應了。見面時鰲拜也不申辯，只是一把扯下自己的衣服，露出滿身傷疤 —— 那是當年跟隨皇太極打天下時留下的。康熙看了，同意免他一死，改判為終身監禁。這位橫行朝野的權臣，最終老死在獄中。

少年天子機智地除去鰲拜，奪回了大權，接著開始解決三藩割據的問題。

三藩指的是當時駐守在雲南、貴州一帶的平西王吳三桂，駐守在福建的靖南王耿精忠和駐守在廣東的平南王尚可喜。

這三個人原來都是明朝駐守遼東的邊將，他們投降清王朝後，領著清兵進入中原，攻打南明和農民起義軍的殘餘勢力，為清朝統一全國立下了汗馬功勞。順治皇帝因此封三人為藩王，讓他們鎮守南方。可是漸漸地，手握重兵的藩王成了割據一方的土皇帝，也成了康熙皇帝的一塊心病。

三藩中吳三桂的勢力最大，他在雲貴一帶有自己

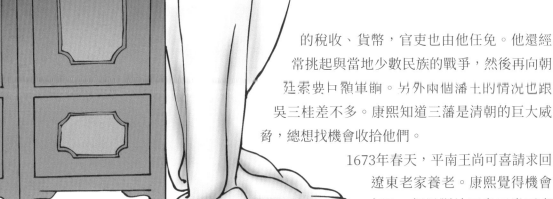

的稅收、貨幣，官吏也由他任免。他還經常挑起與當地少數民族的戰爭，然後再向朝廷索要巨額軍餉。另外兩個藩王的情況也跟吳三桂差不多。康熙知道三藩是清朝的巨大威脅，總想找機會收拾他們。

1673年春天，平南王尚可喜請求回遼東老家養老。康熙覺得機會來了，便果斷地同意了尚可喜的請求，隨即下令撤藩，宣佈軍隊由中央統一管理。

吳三桂和耿精忠得到消息，認為朝廷終於要過河拆橋，拋棄他們了，便抓緊機會準備反叛。這年11月，吳三桂公開反清。他讓軍隊改成明代的髮型衣著，打出「興明討虜」的旗號，浩浩蕩蕩向北進發，並迅速佔領了湖南全省。耿精忠和尚可喜的兒子尚之信也先後起兵，三藩聯合作戰，整個長江南岸都動搖起來。

康熙聽說吳三桂造反，立即派兵鎮壓。可是清兵的調度還沒完成，吳三桂已經攻入湖南、四川。康熙又氣又急，把留在北京的吳三桂的兒子和孫子都殺了。吳三桂把新仇舊恨並在一起，加緊了進攻的步伐。

嚴峻的形勢使康熙冷靜下來。他決定先消滅耿精忠和尚之信，孤立吳三桂，於是就讓耿精忠的弟弟寫招降信，隨後派兵逼近福州。耿精忠首先投降，兩個月後，尚之信也投降了。

吳三桂曾經親自領軍絞殺了南明永曆皇帝，如今又打起「復明」的旗號，誰還會相信他呢？在康熙強大的政治、軍事攻勢下，他很快陷入四面楚歌中。這時他又不「復明」了，自己在湖南衡陽稱帝，定國號「大周」。誰知舉行登基大典時，突然刮起了狂風，下起了暴雨，儀式只好草草收場。吳三桂連愁帶氣，得了重病，不久就一頭栽倒在地，死了。他的孫子吳世璠（音 ㄈㄢ） 繼位後逃回雲南，被清軍圍困在昆明，走投無路中自殺。

三藩之亂歷時8年，終於被平息了。年輕的康熙皇帝以巨大的魄力和堅強的意志，徹底改變了清初以來三藩割據的局面。兩年以後，康熙又派兵進攻台灣，打敗了鄭成功的孫子，把台灣收歸大清，實現了全國的統一。

雍正皇帝出人意料

西元1722年11月13日，中國歷史上在位時間最長的康熙皇帝玄燁病死，享年69歲。他8歲登基，在位61年，有擒鰲拜、平三藩、收台灣、戰俄軍、三次親征噶（音ㄍㄜˊ）爾丹等種種壯舉，使清王朝開始走向全盛時期。

老皇帝一死，人們最關心的事情就是由誰即位的問題。康熙有20多個兒子，老二胤礽（音ㄖㄥˊ）是他格外疼愛的，不到兩歲就封為太子。胤礽長大後精通滿漢文字，騎馬射箭也是好手，稱得上文武雙全。康熙第二次親征噶爾丹時，就讓太子留守京城，處理政事。胤礽把一切都處理得頭頭是道，很得康熙賞識。

可是沒過多久，父子間的感情就出現了裂痕。有一次康熙生病，召見太子。胤礽來到患病的父皇身邊，卻沒有一點憂慮焦急的表示，這讓康熙心裡很不痛快。還有一次，康熙帶著太子巡幸塞外。有一天夜晚，他突然發現太子站在窗外，正順著窗縫向裡面窺視，樣子鬼鬼祟祟的。康熙想不明白太子為什麼要這樣，只是增加了對他的不信任。回京以後，又聽說太子與大臣索額圖等人交往密切，康熙覺得他有結黨營私的嫌疑，幾番斟酌後終於下了決心，在群臣面前哭著把太子給廢掉了。

太子之位空虛，二十幾個皇子精神都來了，覺得自己的機會來了。他們使出了各種手段，尤其是皇長子，竟然收買蒙古喇嘛，用巫術詛咒太子。康熙知道後非常生氣，下令把他囚禁在家裡，再不理睬。皇八子胤禩（音ㄙˋ）本來就不服氣太子，彼此一直在明爭暗鬥，這時就串通一些大臣替他說話。康熙聽了這些大臣的舉薦，當時沒有表態，第二天卻宣佈恢復胤礽太子地位，削去皇八子的貝勒爵號，讓大臣和皇子們非常震驚。

原來，在太子被廢的這段時間裡，康熙深深感到皇子們相互爭奪的可怕，只好再抬出胤礽來平息事態，並說：「今後再有打太子主意的，決不輕饒！」

胤礽又做了太子，卻仍然聯絡大臣，廣結黨羽。康熙為此大為惱怒，恰巧這時又有人報告胤礽貪贓枉法，康熙便再次將他廢掉。此後，清朝再也沒有皇帝立太子。

經過這許多的波折和反復，又隨著時間的流逝，眾皇子年齡逐漸大了，想登上皇位的心情也更迫切。康熙深感問題嚴重，也想儘快決定下來。這時皇四子胤禛和十四子胤禎算是比較出眾的。老四很有心計，威信卻不如老十四。幾經考慮，康熙想把皇位傳給胤禛。可是他的上面有那麼多有實力的哥哥，不找個像樣的理由怎麼能讓眾人心服口服呢？於是，在康熙五十七年

（1718年）10月，胤禎被任命為撫遠大將軍，領兵駐守西北，平定新疆、西藏。按康熙的意思，等老十四立功回來，便立為太子，別的皇子就沒話可說了。人們也都這樣認為。

誰知歲月不等人，老十四還沒得勝凱旋，康熙卻病倒了，臨終時只有德妃和大臣隆科多在身邊。德妃是胤禎的生母，隆科多是胤禎的舅舅。當康熙病死在暢春園，眾皇子聞訊急忙趕來時，看見老四已經立在大殿門口，隆科多和他站在一起。大家心裡都很疑惑。

隆科多當場宣讀了康熙遺詔：「朕決定傳位于四子……」皇子們都覺得出乎意料，一齊用滿是淚水的眼睛看著胤禎，誰也不說話。

胤禎趕忙對兄弟們說：「父皇在彌留之際，把我叫到床前，將社稷重任託付給我。今後我們兄弟應該攜手並肩，共守江山。」又指了指自己脖子上的念珠，說：「這是父皇親自給我戴上的，還告訴我說，這念珠是順治皇祖傳下來的寶物，如今傳給我，就是要我一時一刻不忘祖制，以江山社稷為重。」

因為事出意外，眾人腦子還是有些轉不過來。停了一會，皇三子第一個上前向老四下跪叩頭，說：「臣服從父皇遺詔，還請陛下節哀。」這樣一來，其他人也只得跟著跪下，表示服從了。胤禎的嘴角不由露出一絲得意的微笑。

據說康熙遺詔原是「傳位十四子」，隆科多和胤禎相勾結，把「十」字改成「于」

字，變為「傳位于四子」，胤禛這才順利地登上皇位。但其實，康熙生前對老四還是有所偏愛的，他曾經把暢春園賜給胤禛，還格外喜歡他的小兒子弘曆。在這種情況下，康熙選皇四子繼位也是很正常的。不過種種傳說都沒有真憑實據。

胤禛登上皇位，改年號為雍正。上台第一件事，就是派年羹堯領兵平定青海叛亂。隨後便開始排擠打擊他的兄弟們。老十四胤禵領兵回京時，雍正帝已經坐穩了龍椅，他只好改名為允禵（音 ㄊㄧˊ），交出兵權，給康熙守陵去了。老八被趕出宗族，改名「阿其那」（滿語「豬」），派人嚴加看管。老九被改名「塞思黑」（滿語「狗」），也被囚禁而死。老大、老二、老三也被看管起來，先後死去。

雍正治國自有一套。為了加強中央的權力，鞏固自己的地位，他放手整頓綱紀，設置了處理全國軍政大事的軍機處，還鎮壓了一些居功自傲的高官。

年羹堯是戰功卓著的大將軍，他自恃功高，一向傲慢無理。平定青海叛亂後回京時，王公大臣早早迎候在城外道旁，可他看也不看，故意揮鞭催馬，直奔皇宮。見了雍正也不下跪，只欠了欠身就大模大樣坐下了。雍正帝表面上不動聲色，暗中卻使出手段，羅列出92條罪狀，把他殺了。驕橫朝野的隆科多也被羅列出41條大罪，在暢春園附近的小屋裡關到老死。

雍正皇帝不追求奢華和享樂，在位13年，每天都要工作到下半夜，為清朝的進一步繁榮打下了基礎。他還發明了「密旨立嗣」，即在生前寫好遺詔，指定繼位皇子，密封起來，藏在乾清宮「正大光明」匾後，規定在自己死後才能打開。這成了以後歷代皇帝傳位的重要家法。他選擇的繼承人是弘曆，也就是使清王朝走向鼎盛時期的乾隆皇帝。這也是雍正的一大功勞。

虎門銷煙

　　乾隆年間的清王朝，經濟文化雖繁榮一時，但跟西方已經進入工業革命的國家相比，就顯得十分落後了。乾隆83歲生日時，英國使臣馬戛（音 ㄐㄧㄚˊ）爾尼前來祝賀，順便探聽大清國的虛實，以便開展兩國間的貿易。可是乾隆卻認為大清國天下第一，連極遠的英國也來朝拜了，他也只顧顯示威嚴和排場，根本沒心思聽人家說話。繼位的嘉慶也自認為是天下的君主，拒絕和英國使節談通商問題。

　　正面談不通，英國人就透過設在印度的「東印度公司」，把大量的鴉片偷運進中國，換取銀子。鴉片也叫大煙，是有毒的，人一旦吸食上癮，身體便會一天天垮下去，直到死亡。鴉片價格又特別貴，所以英國人才不擇手段地成批販賣，獲取暴利。後來，中國沿海的官員也想方設法從鴉片貿易中發財，甚至收取賄賂。結果，鴉片貿易越演越烈，屢禁不止，中國的白銀大量外流，人民的健康受到極大的損害，社會危機日益嚴重。

　　西元1838年年底，道光皇帝任命湖廣總督林則徐為欽差大臣，到廣東去禁煙。

　　林則徐到廣州後，透過多種途徑調查煙販子的行蹤和罪行。一次，他收到一些書院邀他去視察的請帖，便請這些書院把學生集中起來，說是要統一視察。學生們都很樂於見見這位欽差大臣。誰知見面時，林則徐卻突然宣佈：「各位，本欽差大臣今天要出題考考你們。」大家沒有準備，聽說要考試都有些慌張，等拿到考卷一看，又都愣住了。原來每張考卷中都夾有一張紙條，上面寫著：「此次考試可以不答題目，只把自己知道的鴉片商人、走私受賄的官員姓名寫出，而且不必署名。」這些學生來自全國各地，知道的事情很多，對鴉片氾濫又深惡痛絕，一下子給林則徐提供了許多情報。

　　林則徐利用掌握的情報，首先查辦了三品道台伍紹榮。

　　伍紹榮靠走私鴉片發了財，然後花錢買了個道員，成了政府官員。林則徐掌握了他的犯罪事實後，和兩廣總督鄧廷楨、水師提督關天培一起，召集各路官員，當庭宣佈了伍紹榮販賣鴉片的惡行。本來人們以為不過判個革職抄家之類的罪，這時卻聽到林則徐一字一句地說：「推出斬首！」在場的人都嚇壞了，這才明白林則徐禁煙是動真格的，

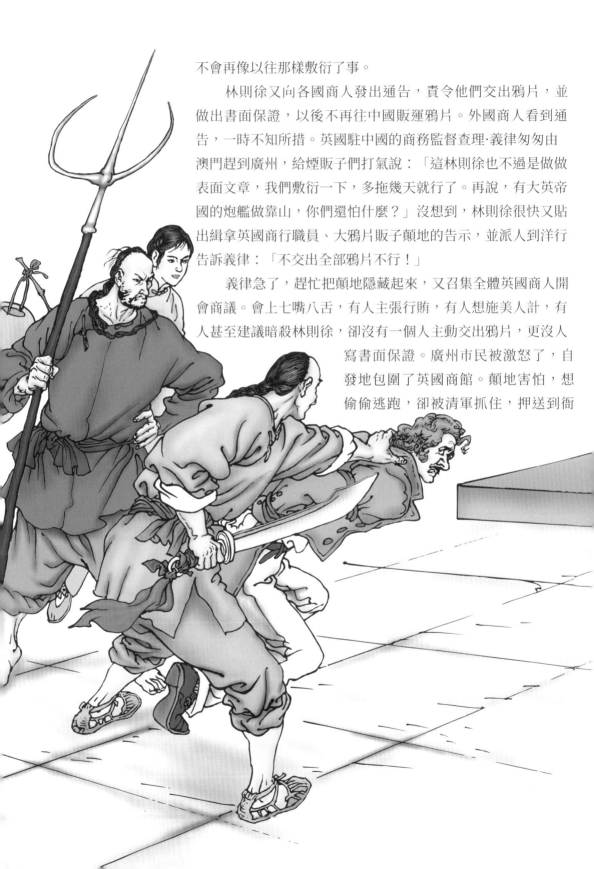

不會再像以往那樣敷衍了事。

　　林則徐又向各國商人發出通告，責令他們交出鴉片，並做出書面保證，以後不再往中國販運鴉片。外國商人看到通告，一時不知所措。英國駐中國的商務監督查理·義律匆匆由澳門趕到廣州，給煙販子們打氣說：「這林則徐也不過是做做表面文章，我們敷衍一下，多拖幾天就行了。再說，有大英帝國的炮艦做靠山，你們還怕什麼？」沒想到，林則徐很快又貼出緝拿英國商行職員、大鴉片販子顛地的告示，並派人到洋行告訴義律：「不交出全部鴉片不行！」

　　義律急了，趕忙把顛地隱藏起來，又召集全體英國商人開會商議。會上七嘴八舌，有人主張行賄，有人想施美人計，有人甚至建議暗殺林則徐，卻沒有一個人主動交出鴉片，更沒人寫書面保證。廣州市民被激怒了，自發地包圍了英國商館。顛地害怕，想偷偷逃跑，卻被清軍抓住，押送到衙

門審問。林則徐針對義律拒絕交煙的惡行，派兵包圍了英國商館，撤出中國員工，斷絕生活必需品的供應，並對停泊在黃埔港的外國船隻實行封艙。

　　商館眼看就要斷糧了，義律急得就像熱鍋上的螞蟻一樣，煩躁不安。再不交出鴉片，他就要客死他鄉了。義律無計可施，只好按照顛地供出的鴉片實數，乖乖地交出了兩萬多箱、兩百多萬斤的鴉片。

　　林則徐急速報告了道光皇帝，請求在廣州銷毀這些鴉片。道光帝高興地同意了。

　　西元1839年6月3日，廣州的虎門海灘上人山人海，熱鬧異常。激動的人們像潮水一樣從四面八方趕來，觀看銷煙盛況。只見海灘上搭起一座高台，四處插著彩旗，林則徐和鄧廷楨、關天培等人莊嚴地坐在台上。高台的前面是早已挖好的兩個銷煙池，池邊站滿了身強力壯的士兵。

舉行過祭海儀式，
林則徐一聲令下：「開
始銷煙！」

士兵們打開箱子，把鴉片倒進銷煙池，再摻
入生石灰，然後抬起閘門，讓海水流進池內。生
石灰遇到海水，產生高溫，頓時池內氣泡翻滾，
熱浪沖天，騰起的煙霧彌漫了海灘的上空。被燒
得變了質的鴉片從池子的另一端流入
大海。就這樣，兩萬多箱鴉片，整整
燒了23天！

在銷煙前，林則徐特意邀請外國商人前來觀看。這些人眼看他們千辛萬苦運來的鴉片被燒毀，全都默不作聲。只有一個美國商人走到林則徐面前，脫帽向他致敬。林則徐和顏悅色地說：「我們禁的是害人的鴉片，並不是拒絕通商。歡迎各國商人來中國進行正當的貿易，互通有無。」他還寫了一份沒收英國不法商行的文件，說明今後可以再做合法的買賣，但不許販運鴉片，否則就地處罰。義律看了文件，認為是對大英帝國的挑釁，拒不簽字。

林則徐知道英國人決不會善罷甘休，於是不敢鬆懈，命令軍士加緊備戰。

果然，1840年，英國國會收到義律顛倒是非的報告後緊急召開會議，通過了派兵進攻中國的決議，要用炮艦打開中國的大門。震驚中外的鴉片戰爭拉開了序幕。

面對侵略，道光皇帝慌了手腳。他出爾反爾，下詔撤了林則徐的職位，向英國讓步妥協。但英國並沒有就此甘休，反而發動了更大規模的侵華戰爭。清朝君臣嚇破了膽，與英國簽定了不平等的《南京條約》。這個條約規定了清王朝不僅要割地賠款，還要出賣國家主權。

從此，中國開始一步步地淪為半殖民半封建的社會。

天 國 興 衰

西元1843年，在廣東花縣的一些村莊裡，發生了令人震驚的事 —— 一個叫洪秀全的教師專砸村學中的孔子牌位！孔子是萬人景仰的大聖人，砸他的牌位可是一件了不得的事情。這個洪秀全是什麼人？為什麼有這麼大的膽子？

洪秀全出生在花縣的一個貧苦農民家庭，小時候一面讀書一面種田，18歲時在村裡的私塾中當了教師。受孔子思想薰陶多年的洪秀全一心想透過科舉做官，為民多做好事。可是他連續4次參加考試都名落孫山，內心十分痛苦。後來，從一本叫《勸世良言》的書中接觸到了基督教的教義，他茅塞頓開，決心創立「拜上帝會」，為災難深重的人民送去「福音」。

在好朋友馮雲山、族弟洪仁玕（音 ㄍㄢ ）的幫助下，「拜上帝會」成立了。洪秀全自稱是上帝的二兒子，是救世主耶穌的弟弟；「拜上帝會」要斬盡妖魔，解放百姓。他到附近的鄉村中傳播教義，並砸毀各村塾學中供奉的孔子牌位，和舊的禮教公開決裂。這件事給人們很大的震撼，並且遭到了地主階級的激烈反對，洪秀全為此失去了教師的職業。

在傳教過程中，洪秀全越來越感到，光靠外國的上帝是打動不了中國的百姓的。於是，洪秀全回花縣寫自己的傳道書，馮雲山則在

廣西開展活動。3年後他們再次會合，洪秀全寫下了《原道救世歌》和《原道醒世訓》等文章，稱皇帝是「閻羅妖」，官吏都是「閻羅妖的妖徒鬼卒」，說上帝是宇宙的唯一真神，「拜上帝會」就是要打倒閻羅妖，建立人人平等的社會。這時，馮雲山已經發展了3000多會員。燒炭工人楊秀清和農民蕭朝貴等都是主要分子，他們都盼著起義反清。

經過充分的準備，在1851年1月11日洪秀全37歲生日這天，「拜上帝會」正式在廣西桂平縣金田村宣佈起義。

洪秀全登上高台，站在黃綢大旗下，莊嚴地宣佈：「我們要推翻腐敗的朝廷，讓窮人過上太平的日子。所以，我們的國號就叫『太平天國』！」

一片震天動地的
「殺妖」呼喊過後，洪
秀全宣佈了5條軍令：一，
聽從命令；二，男女分營；
三，絲毫不損害百姓；四，財
產歸公；五，同心合力，不臨
陣逃脫。接著，蓄起頭髮、頭包
紅巾的起義軍戰士從金田村出發，
迅速攻佔了永安州城。洪秀全將永安
州城作為太平天國的根據地，並自封為
「天王」，封楊秀清為「東王」，蕭朝貴
為「西王」，馮雲山為「南王」，韋昌輝
為「北王」，石達開為「翼王」。軍隊由東王調度。

太平軍得到苦難深重的百姓的擁護，一路節節勝利。1853年3月太平軍攻佔了南京，並把南京改名「天京」，定為太平天國的首都。隨後太平軍又頒佈了著名的《天朝田畝制度》，規定人人有田種，人人有飯吃，禁止裹腳、賭博、販賣和吸食鴉片等等。又經過3年的苦戰，太平軍基本上控制了長江中下游地區。

然而就在此時，太平天國內部爭權奪利的矛盾日益尖銳，終於演化成了自相殘殺。

洪秀全以「人人平等」號召民眾，太平天國實行的卻是封建等級制。東王楊秀清認為自己功勞最大，應該當「萬歲」。於是在一次宴會上，他突然臉色大變，大叫：「『天父』下凡了！」士兵們一聽，立即跪在地上，低頭聆聽「天父」教誨。

原來，在金田起義前，廣西紫荊山一帶的「拜上帝會」曾經會員離散，人心不穩。楊秀清急中生智，假託「天父」下凡給人們打氣，終於穩定了人心，壯大了力量。這次「天父」又下凡，卻要部下速召洪秀全前來聽訓。「天父」是至高無上的，天王必須遵從「天父」的意旨，這是「拜上帝會」教義規定的。所以洪秀全不敢怠慢，立即趕到東王府，跪在楊秀清面前。

只聽楊秀清用「天父」的口吻慢吞吞地說：「東王的功勞比天王大，為什麼只能稱千歲？真是沒有道理！你必須封東王為『萬歲』，否則我決不饒你！」洪秀全明白，楊秀清這是假借「天父」的名義逼他讓權。但楊秀清控制著天京的軍隊，洪秀全不敢與他公開決裂，只好答應在楊秀清生日那天封他為「萬歲」。楊秀清裝神弄鬼成功，興沖沖地開始籌備加

封「萬歲」的典禮。這時，洪秀全卻密召韋昌輝、石達開等火速回京，準備除掉東王。

　　1856年9月1日，韋昌輝率領親信部隊回到天京後，立即封鎖了通往東土府的街道，包圍了楊秀清的住宅。2日凌晨，韋昌輝率領親軍衝進東王府。楊秀清剛從睡夢中驚醒，韋昌輝的刀已經刺進他的胸膛。楊秀清的家眷和東王府裡的官員、士兵也被全部殺死。

　　除去了心腹之患，洪秀全很高興，但對韋昌輝濫殺無辜十分不滿，要對他處以鞭刑。韋昌輝表示接受處罰，還提出在他受刑的那天，要讓楊秀清的部下都來觀看，以安慰他們的不滿情緒。洪秀全以為他是好意，就同意了。

　　韋昌輝出身於地主家庭，因為受到當地官紳的排斥，一時氣憤才參加太平軍。他陰險殘忍，野心很大，對東王早就恨之入骨。就在他受刑的這天，他讓自己的親信部隊隱藏在暗處，等楊秀清的部下赤手空拳趕來，立即衝出來大肆屠殺。接著他又下令把天京城裡的東王部屬近3萬人殺了個一乾二淨。

　　正在武昌前線的石達開趕回天京，指責韋昌輝胡作非為，說：「太平天國不為東王而亡，恐怕要為你而亡了！」韋昌輝很生氣，當天夜裡就率軍包圍了翼王府。石達開得到消息，提前逃走了，可是他的家人全部被殺。

　　韋昌輝的倒行逆施激起了公憤，洪秀全也在腥風血雨中看清了他的狼子野心。於是他下令捉拿韋昌輝並處以死刑，把腦袋送往石達開軍營，請他回京輔政。

　　可這場變故使洪秀全變得疑心很重，他封自己的兩個哥哥為王，讓他們牽制石達開。石達開不堪忍受洪秀全的猜疑，憤然率軍出走，結果在大渡河被清軍圍剿，全軍覆沒。

　　太平天國走到了末路。

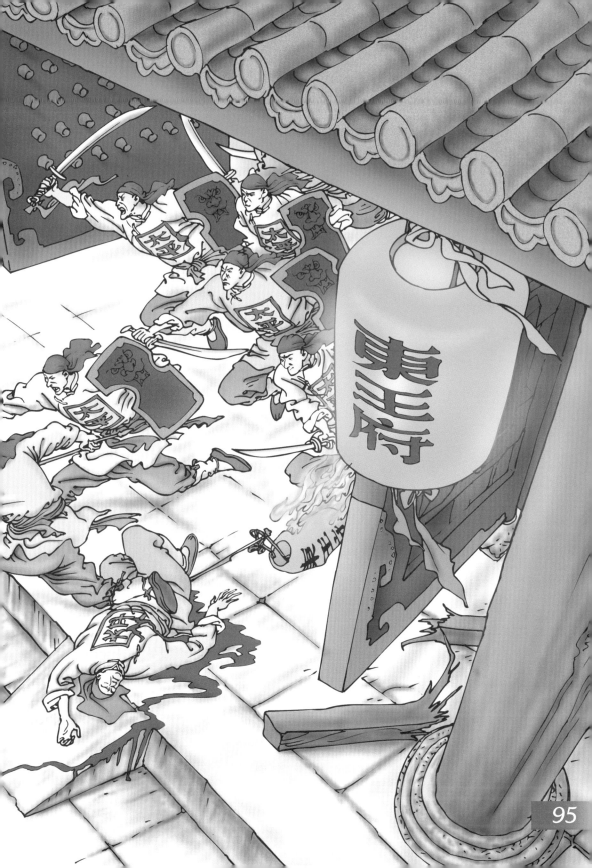

火燒圓明園

　　北京西北郊有一座建於明代的皇家園林，原來叫「暢春園」，後來康熙皇帝把它賜給了四兒子胤禛（雍正皇帝），並改名為「圓明園」。圓明園在康熙、雍正時都曾擴建，以後又經過乾隆、嘉慶、道光各朝的用心經營。到了咸豐皇帝在位期間，它已經是方圓20里、佔地5000畝、園中有園、構思奇特的巨大園林建築群了。當時，園內透過仿造彙集了江南的名山勝景，還創造性地移植了西方的建築藝術，其景色可謂中西交融，秀麗豪華，美不勝收。此外，園內的樓堂殿閣還藏有無數金銀珠玉和各方進貢的奇珍異寶、青銅瓷器、種種古玩以及名人字畫、孤本秘笈等。整個園林，真可以說是一座人類文化的寶庫、世界上最大的博物館。

　　每年盛夏，清朝皇帝都要來圓明園避暑，處理政務，所以它又稱「夏宮」。西元1860年的一天，咸豐皇帝帶著皇后、貴妃等正在園內逍遙，忽然得到稟報，說是英法聯軍攻佔了天津後已打到北京附近的通州。洋鬼子已經闖進家門口了，咸豐皇帝感到十分恐慌。他立即派恭親王奕訢留守北京，主持議和，自己則帶著皇后、皇子、親王、大臣，慌裡慌張地逃往熱河行宮（今承德避暑山莊）去了。

　　原來，鴉片戰爭以後，英國、法國、美國等帝國主義列強強迫清政府簽訂了一系列

不平等條約，從中國掠取了大量
財富。叮是他們還不滿足，在1853
年又要修改條約的某些條款，企圖在中國
獲取更大利益，這一要求遭到了咸豐皇帝
的拒絕。於是，眾列強決定用槍炮逼迫清
政府答應他們的要求。1856年9月，清朝
廣州水師的巡邏船發現在海上行駛的「亞
羅」號是一艘走私船，拘押了船上的12名
水手。英國人便借題發揮，以此為藉口發
動了第二次鴉片戰爭。

　　英國人說「亞羅」號是英國船隻，中
國水師不能上船抓人，還說中國軍人在船
上檢查時撕毀了英國國旗，這是對英國的
侮辱。其實，「亞羅」號船主為了逃避中
國法律的約束，借洋人的勢力保護走私活

動，曾向香港英國當局領取通航證，並雇了一個
英國人當船長。而通航證的期限是1年，到這時已經
期滿，船上也不能再掛英國旗了。但英國正在尋找戰爭的
藉口，便不依不饒地派戰艦炮轟廣州沿海的炮台。

法國見英國開始行動，也不甘落後，趕忙以「馬神甫事件」做藉口加入了戰爭，
與英軍協同作戰。「馬神甫」即法國天主教神父馬利，他和兩個中國教徒在廣西非法傳
教，為非作歹，被廣西西林知縣逮捕，判了死刑。這一事件本來早已平息，這時卻被法
國人搬出來，作為參戰的藉口。

　　1857年年底，由5600多人組成的英法聯軍攻入廣州城。兩廣總督葉名琛（音彳ㄣ）被聯軍抓住後解往印度，不久病死。

　　為了造成對北京的直接威脅，1858年春季，英、法公使又率領艦隊北上，到達天津大沽口外。俄、美兩國的公使也隨同前往──他們表面上是這次戰爭的「調停人」，其實是英法聯軍的幫兇。英法聯軍在摸清大沽口的水道、地形和大沽炮台的設施情況後，竟限令清軍兩小時內交出炮台。兩小時過後，聯軍向大沽炮台發動了進攻。中國軍隊奮起反擊，但由於武器陳舊，在戰鬥中很快處於劣勢，指揮官率先逃跑，大沽炮台失陷。

　　清政府害怕了，趕忙派人去天津議和。在侵略者的武力威脅下，清政府分別與英、法兩國簽定了不平等的《天津條約》。

　　清政府作了很大的讓步，可是侵略者仍不滿足。1859年，英、法、美藉口到北京換約，又派遣一支強大的艦隊北上，準備進一步擴大侵華戰爭。

1860年，英法兩國都增派了北上的軍隊，他們很快佔領了天津，接著又打下了通州，向北京發起了總攻。戶部尚書肅順急忙到圓明園報告皇上，咸豐帝大為驚慌，趕忙躲到熱河去了。可英法聯軍卻不知道，以為中國皇帝還住在圓明園，他們繞過安定門、德勝門，向北京西北郊的圓明園一路打去。

　　西元1860年10月6日傍晚，法國侵略者首先闖進圓明園，當晚即進行大肆搶劫。第二天，英軍跟著到來。兩軍統帥在園內巡視一番後，都被這秀麗豪華的建築和無數的珍寶嚇得目瞪口呆。他們做夢也沒有見過如此美麗的園林建築，更難以想像有這麼多稀世珍寶！一陣緊急磋商後，他們決定透過談判來解決分贓問題。

　　可是，進入圓明園的兩國軍人就像見到肥肉的餓狼一樣，根本等不及什麼談判，早已貪婪地搶劫起來。先是軍官們分批進去「挑選」，接著聯軍司令部又正式下令可以「自由取得」。於是，英法侵略者們在這座人類文化的寶庫中進行了瘋狂的搶奪。

　　園內的寶物實在太多了，強盜們一時真不知先拿什麼才好。本來拿到了金子，一看見鑲有珠玉的寶石，就丟掉金子去搶寶石；寶石剛拿到手，又看見高高的金塔和美麗的玉樹，強盜們真恨不得讓自己變成千手觀音，把這麼多的寶貝統統都收進腰包！

　　所有能拿走的都拿走了，

拿不動或來不及拿走的，強盜們就用武器、棍棒將它們砸爛。精美的絲綢、瓷器、古銅器、象牙雕刻、珍貴的圖書等等都被任意損毀，惡意糟蹋。這還不算完，為了掩蓋野蠻劫掠的罪行，並逼迫清政府投降，這夥強盜決定將世界上最精美豪華的皇家園林燒毀！

10月18日清晨，三四千英國騎兵高舉火把，在圓明園內四處放起火來。頃刻間，美麗的圓明園變成了一片火海。大火燒了3天3夜。

從此，世界上沒有了圓明園，卻多出了一片焦土和無數殘垣斷壁……

甲午海戰

火燒圓明園後，英法聯軍進入北京城，把大炮架在城樓上，聲言要炮轟皇宮。留守的奕訢（音 ㄒㄧㄣ）十分害怕，被迫簽定了中英、中法《北京條約》。俄國人也趕快趁火打劫，割去了我國烏蘇里江以東大片領土。中國人民陷入更深重的災難中。

躲在熱河的咸豐皇帝憂憤交集，一病不起，在1861年夏天死去，年僅31歲。臨終前，他立6歲的兒子載淳繼位，命肅順等8人輔政。不久，載淳的生母慈禧太后就和恭親王奕訢合謀，發動宮廷政變，消滅了輔政八大臣，控制了政權。

清政府在內憂外患中艱難支撐，轉眼間慈禧太后要做60大壽了。她挪用海軍軍費，擴建了頤和園。正當朝廷上下為太后籌備壽辰慶典時，卻傳來日本海軍進攻中國軍隊的消息。

日本原是個落後的封建國家，1868年「明治維新」後才走上迅速發展的道路。西方列強讓中國割地賠款，甚至連皇家的珍寶都搶走了，日本卻獲利不多，便急紅了眼，也想用武力打開中國的大門。

1894年初，朝鮮爆發了農民武裝暴動，朝鮮政府請求清朝幫助鎮壓。清政府派出1500名陸軍士兵，乘船趕赴朝鮮。日本覺得機會來臨，一下子出動3萬軍隊，威脅中國，說是要保衛朝鮮。直隸總督兼北洋大臣李鴻章請求增兵，慈禧太后同意了。於是，中國又派14000名清兵增援朝鮮。這樣一來，中、日在朝鮮形成對峙，戰爭一觸即發。

這年夏天，李鴻章雇了3艘英國商船，由北洋水師的3艘軍艦護航，運載2000名中國軍人赴朝鮮。日本特務截獲了這個情報，日軍立刻出動15艘軍艦，擊沉「高升」號運兵船，700多名中國軍人犧牲。

與此同時，日本又出動陸軍4000多人，去偷襲駐守在朝鮮牙山的中國軍隊。中方主帥葉志超棄城逃跑，中國軍隊敗退到平壤。

消息傳回國內，清政府終於下了決心，於光緒二十年（1894年）8月1日正式對日本宣戰。因為這一年是舊曆的甲午年，所以這場戰爭被稱為「甲午戰爭」。

雖然宣戰了，但北洋水師是李鴻章苦心經營多年才建成的，他擔心一旦和日本海軍交火，水師會受到損失，自己便失去了撐腰的力量，所以主張議和。但是，日本軍隊攻陷平壤後，馬上就向中國進軍，根本不給他議和的機會。

8月18日上午，海軍提督丁汝昌率領北洋艦隊運兵到鴨綠江的大東溝，正準備返航時，忽然發現西南方海面上有12艘軍艦急速駛來，艦上懸掛的是美國的星條旗。不一會，星條旗變成了日本的太陽旗。丁汝昌立即下令艦隊分為兩路，以噸位最大、鐵甲最厚、火力最強的「定遠」和「鎮遠」號做先鋒，列陣迎敵。

日軍看出丁汝昌的「定遠」艦是指揮艦，立刻集中火力攻擊。丁汝昌正站在艦橋上指揮，一發炮彈突然擊中戰艦，艦橋被炸斷，丁汝昌摔了下來，受了重傷。他坐在甲板上，咬牙堅持指揮作戰。黃海上炮火連天，煙霧彌漫，北洋艦隊看不見甲板上的號令旗，只好各自為戰，陣勢已亂。日軍趁機發起了更為猛烈的攻勢，北洋水師的「超勇」和「揚威」號先後中彈起火。在這危急時刻，「濟遠」號管帶（艦長）方柏謙貪生怕死，強迫水手調頭逃跑，慌亂中把帶傷堅持戰鬥的「揚威」號撞沉了。戰局對中國軍隊極為不利。

情勢萬分危急時，「致遠」號管帶鄧世昌毅然升起大旗，代替旗艦指揮作戰。他沉著冷靜地命令「濟遠」和「經遠」號向自己靠近，集中火力攻擊日本旗艦和主力艦。日本主力艦「吉野」號受到重創，加足馬力逃竄了。

中國的軍艦都是從英、德等國購買的，有大小40多艘，但這次能投入戰鬥的只有10多艘，而且艦艇舊，速度慢。丁汝昌曾建議購買新式快船，可是擴建海軍的軍費都被用去修建頤和園了，海軍連購買彈藥的錢都不足。清朝官員的腐敗、外國商人的有意破壞、製造炮彈時的偷工減料……所有這些問題現在都曝露了出來在中日激戰中，鄧世昌的軍艦速度明顯不足，有的炮彈根本打不響，有的炮彈甚至和大炮口徑不一，能用的彈藥很快耗盡。這立刻使日艦「吉野」號得到喘息機會，恢復了戰鬥力，再次向北洋水師發動攻擊。結果「致遠」號連中數彈，甲板起火，艦身

傾斜。

　　鄧世昌冷靜地分析了形勢，認為如果擊沉日軍
主力艦「吉野」號，就有希望扭轉戰局。但「致遠」號已經
受傷，更要命的是沒有彈藥了，要想擊沉「吉野」，只能用

　　　　　　　　　　　　「致遠」自身！他把自己的想法
　　　　　　　　　　告訴了官兵，英勇的中國軍人都十分
　　　　　　　　　擁護，大家一遍又一遍地齊聲呼喊：「撞沉
　　　　　　　吉野，寧死不屈！」於是鄧世昌親自掌舵，「致
　　　　　遠」號開足了馬力，向侵略者衝去。

「吉野」號上
的日軍被嚇壞了，趕忙調
頭逃跑。「致遠」號燃著烈火，像
脫韁的野馬，不要命地追來。「吉野」連續
發射魚雷阻截。「致遠」不幸被擊中，沉入黃
海，200多名官兵壯烈犧牲。

　　「致遠」號沉沒了，但鄧世昌等人的愛國豪情和視死如歸的無畏精神鼓舞了北洋艦隊的廣大官兵。其餘艦艇頑強戰鬥，重創日艦「松島」，「吉野」也喪失戰鬥能力。日軍傷亡慘重，首先退出戰場。

　　可是在大東溝戰役後，各路清軍接連戰敗。1895年初，日軍攻佔旅順，又在威海衛擊沉了「定遠」、「來遠」、「威遠」等艦。丁汝昌被困在劉公島，服毒自殺。

　　甲午海戰後，李鴻章代表清政府與日本簽訂了《馬關條約》，中國繼續割地賠款，喪失了更多的主權，於是日本如願以償打開了中國的大門。

戊戌變法

　　耗費鉅資組建的北洋水師在甲午之戰中毀於一旦，而隨後簽訂的《馬關條約》還要讓中國賠償軍費2億兩白銀，並把台灣割讓給日本。清政府的腐敗無能和賣國行徑激起了全國人民的憤怒。一些有見識的知識份子深刻認識到，中國災難深重、挨打受氣都是因為腐朽的制度和種種弊政，要想自強，就必須學習西方，實行自上而下的改革。於是，「變法維新」的呼聲日益高漲。

　　光緒二十一年（1895年）春，當清政府要批准簽訂《馬關條約》時，廣東南海舉人康有為正在北京參加科舉考試。他憤慨異常，聯合各省考生1300多人舉行集會，拿出自己起草的《上皇帝書》，要大家在上面簽字。上書的內容為：請求皇帝拒絕在《馬關條約》上簽字，並實行變法，推行新政等。舉子們群情激奮，當時就有603人簽下了自己的名字。由於古代用公家的馬車接送讀書人，人們就用「公車」稱呼進京考試的舉子，所以這次簽名上書又叫做「公車上書」。

　　由於官吏的阻撓，這次上書並沒送到皇帝手裡。可是轟轟烈烈的維新變法運動，卻從此拉開了序幕。

　　在上書的第二天，朝廷放榜，康有為中了舉人，被授予工部主事的官職，可是他一心準備從事變法活動，沒去上任。在以後的日子裡，康有為和他的學生梁啟超一起組織了「強學會」，創辦了《中外紀聞》雜誌，每天出一期，介紹西方各國情況，宣傳變法。與此同時，康有為還以舉人的名義連續上書，最後他的變法建議終於呈遞到了皇帝手裡。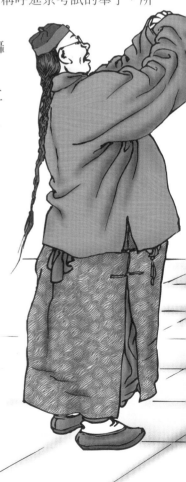

　　光緒帝這時已經「親政」，從慈禧太後手裡接過了朝政大權。他讀了康有為的文章，十分讚賞，就去試探慈禧太后的意思。慈禧太后知道光緒皇帝不滿意她的專權獨斷，但對朝廷的腐敗和洋人的進攻也有些憂慮。聽說有人建議皇上改一下歷代沿襲的舊制度，她並不反對。於是光緒皇帝降旨，命把康有為的《上皇帝書》轉發給各省總督、巡撫以及軍機處和慈禧太后。這樣一來，從中央到地方，大小官員都知道有「變法」這樣一件事，一時議論紛紛，贊成的、反對的都有。

　　這時，湖南的譚嗣同深受鼓舞，決定到北京找康有為求教。譚嗣同出身於封建官僚家庭，曾多次遊歷大江南北。

109

他既為祖國的壯麗山河自豪，又對帝國主
義侵略下人民所遭受的苦難憤慨不已，內
心激發起挽救國家危亡的強烈責任感。到
北京後，聽了康有為的治國思想，譚嗣同
更堅定了變法圖強的信念。此後，他全力
投入到變法維新的政治鬥爭中，寫下重要
著作《紅學》，又在長沙組織創辦時務學
堂，為變法維新培養人才。

經過激烈的思想鬥爭，光緒皇帝終於下了決心，在1898年6月11日發佈詔書，宣佈變法。變法的主要內容有：學習西方先進的科學技術，發展我國的工商業；改革大清法律中陳舊的條款，允許官吏民眾向皇帝上書提建議；精簡政府機構，裁撤無能官員；廢除八股科舉，設立京師大學堂和各地中小學堂等等。

以後，光緒又連下詔書，先從任用變法派人士開始，逐步推行新政。他任命康有為做總理衙門章京（主持文書工作），梁啟超為大學堂主事，譚嗣同、楊銳、林旭、劉光第4人為軍機處章京，參與批閱奏章，起草詔書。接著，從朝廷到各省，各項政治和文化改革迅速展開。

變法來勢如此兇猛，令慈禧太后十分震驚。她沒有想到，維新變法的首要內容就是打擊她本人。由於變法使上層官僚階層的利益和地位受到了衝擊，這些人紛紛跑去向她告狀。慈禧太后意識到，變法一旦成功，她就永遠也不能控制皇帝和朝廷了，於是下了鎮壓變法派的決心。

慈禧太后先逼迫光緒皇帝任命她的心腹榮祿做北洋大臣，進而升為內閣大學士，掌管兵權。然後又把光緒皇帝召到頤和園，氣哼哼地對他說：「你變法，我不管。但你裁撤老臣，這絕對不行。」光緒辯解說：「不變法不能救中國；不罷免無能官員，任用有為人士，變法就難以成功。請太后理解孩兒的心思。」慈禧太后卻冷笑一聲，說：「我看倒是你應該好好考慮一下，你的皇位還要不要！」

光緒預感到危險臨近，立即寫了密詔，讓楊銳帶給康有為，請他們設法搭救自己。康有為等人心急如焚，絞盡腦汁也想不出援救皇上的辦法。

幾天後，慈禧太后要光緒皇帝和她一起去天津閱兵，暗中安排榮祿在閱兵時發動兵

變，逼皇帝把權位讓給慈禧太后。康有為等人雖不知兵變陰謀，卻明白皇上手裡沒有兵權，外出必然遭難。他們焦急萬分，晝夜思索，認為必須在軍中尋找可靠的人，才有可能扭轉局面。於是，他們想到了袁世凱。

袁世凱是榮祿新建陸軍的首領，曾經參加強學會，支持維新，這時止在北京。9月18日深夜，譚嗣同找到袁世凱，把皇帝的密詔給他看，要他殺掉榮祿，包圍頤和園，逼慈禧太后交權。袁世凱滿口答應，信誓旦旦，說一定效忠皇上。誰知他一回天津，就向榮祿告了密。榮祿馬上趕回北京，向慈禧報告。

9月21日一大早，慈禧太后帶人來到皇宮，把光緒皇帝囚禁起來，接著下令捉拿所有的維新黨人。這時康有為已去上海，梁啟超勸譚嗣同趕

快離開，譚嗣同說：「你們走吧，留得青山在，不怕沒柴燒。自古以來，各國的變法沒有不流血的，而中國還沒有人為此流血，所以國家難以昌盛。為變法而流血，就從我開始吧！」梁啟超說不服他，自己躲進日本公使館，後來逃到了日本。

9月28日，譚嗣同、林旭、劉光第、楊銳、康廣仁、楊深秀6人被押到北京菜市口刑場斬首。6位勇士在屠刀下神色坦然，豪氣沖天。譚嗣同臨刑前大聲朗誦自己的絕命詩：「有心殺賊，無力回天；死得其所，快哉快哉！」林旭高聲疾呼：「我們死，正氣盡！」康廣仁則仰天長嘯：「我們死，必換來中國之強！」

這一年是舊曆的戊（音ㄨˋ）戌（音ㄒㄩ）年，這次變法就稱做「戊戌變法」。從6月11日光緒下詔變法，到此時共是103天，所以又叫做「百日維新」。譚嗣同等6位烈士則被稱為「戊戌六君子」。

八國聯軍進北京

戊戌變法失敗後，慈禧太后再次執掌政權。西方殖民者趁機掀起瓜分中國的熱潮，修鐵路，開礦山，掠奪中國的資源。大批傳教士也來趁火打劫，強佔民房農田修建教堂，欺壓百姓。

老百姓被壓迫得活不下去了，紛紛起來反抗。山東人朱紅燈首先組織了「義和拳」，提出「反清滅洋」的口號。他們燒教堂，殺洋人，抗擊清朝官兵，不久就發展到河南、河北及京津地區。慈禧太后見「義和拳」聲勢越來越大，卻以殺洋人為主，就決定允許他們在一定範圍內公開活動，企圖讓「義和拳」和洋人拚個兩敗俱傷，自己坐收漁人之利。

於是「義和拳」便改稱「義和團」，口號也變成「扶清滅洋」，主要在北京和天津一帶打擊外國侵略者。他們不光和外國軍隊打仗，也派人攻擊外國使館，德國公使克林德就是在和義和團的衝突中被打死的。外國使團一面向清政府施加壓力，一面向本國政府求救，要求鎮壓義和團，保護他們在中國的利益。

1900年6月，英國海軍上將西摩爾率領由俄、英、美、法、日、德、意、奧八國軍隊

組成的2000多人的聯軍，從天津乘火車向北京進犯。可是火車開到京津之間的落垡（音
ㄈㄚˊ）車站就開不動了，因為前面的鐵路被義和團拆毀了。天近傍晚，西摩爾深怕夜晚遭
到偷襲，急令士兵搶修鐵路。

　　這時，四周突然響起「嘟嘟」的號角聲，義和團大隊人馬揮舞長矛、大刀衝殺過
來。聯軍驚慌失措，舉槍準備射擊，可是義和團已經衝到跟前，雙方展開了肉搏戰。義
和團勇士善於舞刀弄拳，這時就占了優勢，砍死打傷了許多敵人。

八國聯軍在落垡、廊坊一帶被包圍，連遭義和團的偷襲，成了驚弓之鳥。這樣過了幾天，他們始終無法前進，被迫在一天深夜從水路撤回了天津租界。

侵略者不甘心失敗，又以德國元帥瓦德西為八國聯軍總司令，調來32艘軍艦和1萬多名登陸部隊。他們耀武揚威，攻佔了大沽口炮台，並向天津發起進攻。

這時的慈禧太后正在盤算下一步該怎麼辦，各國公使卻送來了聯合照會，要她把權力歸還給光緒皇帝，罷免一批官員，並允許聯合軍隊開進北京。慈禧太后氣得要命，隨即命令清政府向各國宣戰，讓各省官員召集義和團，跟清兵一道抵禦外國侵略者。

兩個月後，俄國軍隊也加入了攻打天津的隊伍。天津的義和團跟侵略者進行了殊死戰鬥。這時，清朝的投降派竟討好外國人，組織隊伍配合敵人攻打天津，結果義和團大敗。侵略軍佔領天津後，又開始進攻北京。慈禧太后嚇壞了，立即派榮祿去外國使館求和，送去酒肉等慰問品，還下令清軍設法保護外國使館，掉轉槍口鎮壓義和團。

八國聯軍對慈禧太后的笑臉不予理睬，繼續向北京進攻。慈禧嚇得裝扮成農婦，帶著光緒和幾個親信大臣，連滾帶爬地偷偷出了城，跑到西安去了。

八國聯軍兵臨城下，城裡的義和團勇士奮勇抵抗。日本軍隊一看強攻難以取勝，就讓士兵穿上清軍服裝，又命漢奸裝成義和團戰士，在城下呼喊叫門。守城的義和團以為是援軍到了，打開了城門，侵略軍一擁而入。1900年8月14日，北京城陷入八國聯軍手中。

侵略軍在東交民巷會齊後，便分路向皇宮進攻。守衛皇宮的義和團戰士和朝廷衛兵同敵人進行了3天激烈的戰鬥。義和

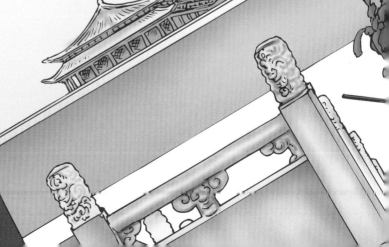

團的大刀、長矛無法抵禦洋鬼子的快槍火炮，但他們寧死不
屈，與陣地共存亡。侵略軍衝進皇宮，他們就拚命肉搏，直
到戰死。

　　3天後，八國聯軍踏著同伴的屍體進入了皇
宮。洋鬼子們肆意搶劫，幾乎把宮中搶空。

　　緊接著，八國聯軍又開始對
普通平民進行血腥的
報復。北京城裡不
管是官府衙門、寺
院廟宇，還是商
號店鋪、居民住
宅，凡是義和團
曾經設壇練拳的
地方，一律放

火燒光；只要被他們懷疑是義和團的人，不管男女老幼一概殺光，襁褓中的嬰兒也不放過。北京城成了一個巨大的屠場，屍骨遍地，慘不忍睹。

不久，聯軍增加到10萬人，分兵4路擴大侵略：向東打到山海關，向西打到山西省，向北佔領了張家口，向南侵入保定一帶。這時清軍已不再抵抗，而是反過來和侵略軍一起鎮壓義和團。義和團在極其艱難的環境中堅持鬥爭，這才阻止了八國聯軍的繼續進攻。

流亡到西安的慈禧太后又一次實行賣國策略，派李鴻章、榮祿等人向侵略者屈膝講和；同時發佈「剿匪上諭」，要地方官府全力鎮壓義和團。

光緒二十七年（1901年）初秋，李鴻章和奕訢作為中國代表，與德、美、英、法、俄、日、意、奧、比、西、荷11個國家的公使簽訂了《辛丑合約》。條約規定：中國賠償各國白銀共4億5000萬兩，分39年還清，加上利息，合計是9億8000多萬兩；清政府保證嚴厲鎮壓中國人民的一切反帝鬥爭；拆毀大沽口炮台，允許各國派兵駐紮北京、天津、山海關之間的重要地區；在北京劃定東交民巷為公使館區，區內允許各國駐兵，不許中國人居住等等。這樣，侵略者從政治、軍事和經濟上基本控制了清政府。

八國聯軍帶著他們的侵略果實撤走了。慈禧太后和光緒皇帝這才返回北京，重新坐在千瘡百孔的金鑾殿上。中國人民卻陷入了更黑暗、更可怕的苦難深淵。

武昌槍聲

自1840年鴉片戰爭爆發後，中國被西方列強欺侮，國土縮小，財富外流，民不聊生。人們越來越看清了清政府反動、腐朽、專制和虛弱的本質。這個大清政權已經陷於內外交困、風雨飄搖之中。

就在民族危難之時，孫中山、黃興等革命志士登上歷史舞台，成為領導民眾反帝反封建的先鋒。

孫中山出生於廣東香山縣，名「文」，字「逸仙」，因為他從事革命活動時曾用「中山樵」這個名字，所以人們都叫他孫中山。他12歲到國外求學，幾年後取得醫學博士學位，在香港、澳門一帶救死扶傷，深受人們歡迎。

在行醫過程中，孫中山經常看到清朝官府勾結洋人，胡作非為，害國害民，他非常氣憤。1894年，他上書李鴻章，要求嚴懲貪官污吏。可是李鴻章根本不予理睬。孫中山最終意識到，光靠行醫使人有強健的身體是不夠的，要想拯救中國，必須推翻清朝的專制統治。

於是孫中山開始了革命活動。1894年，他在檀香山創立了「興中會」，該會以「驅除韃虜，恢復中華，創立合眾政府」為宗旨。第二年10月，興中會準備在廣州起義。不料由於叛徒告密，起義還沒發動就被清政府鎮壓了。孫中山被迫逃亡國外，先到了日本，後又到美國，經過近一年的顛簸（音 ㄅㄛ），最後來到英國首都倫敦。

可是清政府不肯放過他，一面派出大批暗探跟蹤追捕，一面要求駐在亞、美、歐洲各國的使館密切注意，設法抓住孫中山。

一到倫敦，孫中山就去找他的老師康得黎博士。康得黎原是香港西醫書院的藥理教師，因為年歲已大，幾年前退休回到倫敦。孫中山曾是他最得意的學生，師生之間一直有書信來往，對孫中山的革命活動他也知道不少。

孫中山每天上午到英國國家圖書館去看書，下午到英國各地考察、訪問，晚上在自己的住處寫文章。1896年9月30日，孫中山從倫敦附近的一家工廠考察回來，突然發現有人跟蹤。他停下腳步轉過身，看清那是個穿長袍留辮子的中國人。兩人正在周旋、試探時，又有兩個彪形大漢站在了孫中山的兩側。他們把孫中山

架起來，塞進一輛馬車中。孫中山被捕了，他被關進清政府駐英國使館的一間小屋裡，想盡辦法也不能逃出去。後來，經過他的英國老師康得黎夫婦四處奔走，多方營救，孫中山才恢復了自由。

1905年8月，興中會、華興會、光復會等革命團體在日本東京舉行集會，決定成立「中國同盟會」，並選舉孫中山為總理，確立政治綱領為「驅除韃虜，恢復中華，建立民國，平均地權」。後來孫中山又把這十六字綱領解釋為「民族主義」、「民權主義」和「民生主義」，即著名的「三民主義」，並以此作為革命的指導思想和奮鬥目標。

同盟會成立後，革命黨人多次發動反清武裝起義，但都失敗了。宣統三年（1911年），清政府借實行鐵路國有化的名義，將民辦的川漢、粵漢鐵路收歸國有，並以鐵路修築權做抵押，向英、法、德、美四國銀行團借錢。清政府再一次向帝國主義出賣主權的行經激起了四川、湖北等省人民的反抗。四川成立了保路同志會，向清政府請願，卻遭到了鎮壓，於是請願發展成各縣人民的武裝反抗。清政府派駐守武漢的新軍入川鎮壓。武漢的革命黨人認為，這是發動起義的好機會。

武漢地處長江中游，是個重要的交通樞紐。20世紀初，它還是僅次於上海的全國第二大城市，商業發達，人口集中。革命黨人把這裡作為革命中心之一，組織了「文學社」和「共進會」兩個革命團體，還在駐守的清廷新軍中做了許多工作。這時，兩個革命團體決定發動武裝起義，文學社首領蔣翊武被推為總指揮，共進會首領孫武被推為參謀長，行動時間定在1911年10月9日的晚上。

不料10月9日上午，卻發生了一件意外的事：革命黨人孫武在漢口俄國租界的秘密機關裡趕製炸藥時，不小心引起了爆炸，孫武被炸成重傷，俄國巡警聞聲趕來，孫武帶傷逃避，可是為起義準備的旗幟、文告和革命黨人的名冊全被搜去，並轉交到湖廣總督署。

湖廣總督瑞澂（音 ㄔㄥˊ）不是個能幹的官吏，卻一心想著升官發財。他所管轄的湖北多年來平安無事，他的前任張之洞、端雲等人都因此平步青雲，他只想也照樣升上去。如今聽說武昌城裡即將爆發起義，瑞澂是既怕又恨，因為革命黨人打破了他的美夢。他並不知道革命的力量有多大，他的軍隊又大部分被派到四川去鎮壓保路同志會了，所以瑞澂只能不惜一切力量，徹底破壞起義機關，儘早撲殺革命行動。於是，他立即宣佈全城戒嚴，全力搜捕革命黨人。在清兵的瘋狂搜查中，許多同志被捕入獄，起義領導者劉復基等慘遭殺害。在這種情況

下，起義總指揮蔣翊武召開緊急會議，當機立斷，決定當天晚上12點，以南湖炮隊的炮聲為號，城內城外同時起義。

但是戒嚴已斷絕了武漢的交通，起義的命令沒能及時送到南湖炮隊，起義計畫又一次落空。而這時武昌的秘密機關又遭破壞，蔣翊武被迫出走。在群龍無首的情況下，新軍中的革命黨人自行聯絡，約定第二天晚上以槍聲為號舉行起義。

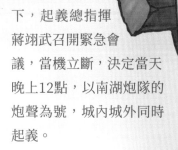

10月10日凌晨，瑞澂將抓到的革命黨人全部殺害，並關閉城門，按照名單搜捕其他人。新軍中有很多人都在名冊上，除了起義，他們已經無路可走。當天晚上，新軍工程營一個排長在檢查營房時，和士兵發生了衝突。正目（相當於班長）熊秉坤打響了起義的第一槍，把反動的軍官打倒在地。槍聲劃破武昌城的夜空，革命黨人立即衝出營房，迅速向預定目標軍械庫撲去。大家奪取了武器和彈藥，把自己武裝起來，呼喊著衝向總督衙門。總督瑞澂心驚膽戰地躍牆而出，逃上了停泊在長江中的「楚豫」號軍艦。守城的清軍聽說總督逃跑，又見革命軍聲勢浩大，無心再戰，各自逃命去了。

經過一夜戰鬥，革命軍佔領了武昌全城，城頭上飄起鮮豔的十八星旗，它莊嚴地宣告了武昌起義的成功。革命黨人組織了軍政府，推舉黎元洪做都督，同時發佈宣言，號召全國人民起義響應。

武昌起義勝利的消息傳遍了中國大地，湖南革命黨人首先回應，陝西的革命黨人也攻佔了省城西安。接著，山西、江西等地紛紛起義，宣佈獨立。到11月底，全國24省區中有14個脫離清朝統治，形成了全國範圍內的革命高潮。因為1911年是舊曆的辛亥年，所以這次革命被稱為「辛亥革命」。

得知武昌起義的消息後，清政府急忙派軍隊鎮壓起義。但是革命形勢發展得很快，武漢三鎮接連光復。1911年10月14日清政府起用袁世凱，封他為湖廣總督，接著又任命他為欽差大臣，授予指揮水陸各軍的全權，前往湖北鎮壓革命。

不久，漢口、漢陽被袁世凱的北洋軍攻陷。接著，北洋軍在山上架設大炮，對準武昌轟擊。但他們只是對武昌開炮，卻不進攻。原來袁世凱想用武力壓迫革命黨人妥協，卻又不把革命軍打垮，為的是利用革命勢力逼迫清朝統治者向他交出全部政權。他讓清政府發出詔諭，要求與起義軍議和，這時，各帝國主義國家也站出來強壓革命黨人停戰。經過南北雙方5次談判，袁世凱迫使革命黨人接受了各省停戰的條件。

正當袁世凱暗自高興的時候，12月25日，孫中山從國外回到了上海。他一到上海，立即堅定地表示：「革命之目的不達，無和議之可言也。」1911年12月29日，17省代表會議在南京舉行，孫中山選為中華民國臨時大總統。1912年元旦，孫中山在南京宣誓就職，並確定以1912年為民國元年，改用西曆，以五色旗為民國國旗。當年2月12日，在北京的宣統皇帝被迫退位。

清王朝終於被徹底推翻了，在中國持續了兩千多年的封建專制統治壽終正寢。中國歷史翻開了新的一頁。

圖說歷史故事 — 元明清

編　　寫	陳金華
繪　　畫	楊學成
發 行 人	林敬彬
主　　編	楊安瑜
策　　劃	康　琳、胡　剛
編　　輯	蔡穎如、黃珍潔、盧琬萱、林奕慈
內頁編排	泰飛堂設計
封面設計	泰飛堂設計、蔡致傑
編輯協力	陳于雯、林裕強
出　　版	大旗出版社
發　　行	大都會文化事業有限公司
	11051 台北市信義區基隆路一段 432 號 4 樓之 9
	讀者服務專線：（02）27235216
	讀者服務傳真：（02）27235220
	電子郵件信箱：metro@ms21.hinet.net
	網　　　址：www.metrobook.com.tw
郵政劃撥	14050529 大都會文化事業有限公司
出版日期	2019 年 06 月修訂初版一刷
定　　價	320 元
I S B N	978-986-97047-8-6
書　　號	History-102

Metropolitan Culture Enterprise Co., Ltd.

4F-9, Double Hero Bldg., 432, Keelung Rd., Sec. 1,

Taipei 11051, Taiwan

Tel:+886-2-2723-5216　Fax:+886-2-2723-5220

E-mail:metro@ms21.hinet.net

Web-site:www.metrobook.com.tw

國家圖書館出版品預行編目（CIP）資料

圖說歷史故事：元明清 / 陳金華編寫　楊學成繪畫.
-- 修訂初版 -- 臺北市：大旗出版：大都會文化發行, 2019.06
128 面；17×23 公分 . -- (History-102)
ISBN 978-986-97047-8-6(平裝)

1. 中國史 2. 歷史故事

610.9　　　　　　　　　　　　　　　　108005504